U0616198

生态袋护坡结构的
设计与施工技术

SHENGTAIDAI HUPO
JIEGOU DE
SHEJI YU SHIGONG JISHU

程龙飞／著

西南交通大学出版社
·成　都·

图书在版编目（ＣＩＰ）数据

生态袋护坡结构的设计与施工技术 / 程龙飞著.—
成都：西南交通大学出版社，2014.6
ISBN 978−7−5643−3168−9

Ⅰ．①生… Ⅱ．①程… Ⅲ.①护坡−生物工程−研究
Ⅳ．①U417.1

中国版本图书馆 CIP 数据核字（2014）第 143132 号

生态袋护坡结构的设计与施工技术

程龙飞 著

责 任 编 辑	牛 君
封 面 设 计	墨创文化
出 版 发 行	西南交通大学出版社
	（四川省成都市金牛区交大路 146 号）
发 行 部 电 话	028−87600564　028−87600533
邮 政 编 码	610031
网 址	http://www.xnjdcbs.com
印 刷	成都蓉军广告印务有限责任公司
成 品 尺 寸	170 mm×230 mm
印 张	8.5
字 数	152 千字
版 次	2014 年 6 月第 1 版
印 次	2014 年 6 月第 1 次
书 号	ISBN 978−7−5643−3168−9
定 价	29.50 元

图书如有印装质量问题　本社负责退换
版权所有　盗版必究　举报电话：028−87600562

前 言

　　党的十八届三中全会进一步阐述了生态文明的内涵，明确提出要紧紧围绕"建设美丽中国"深化生态文明体制改革，加快建立生态文明制度，划定生态保护红线；中央经济工作会议更是明确提出了 2014 年生态建设的工作任务：加大环境治理和保护生态的工作力度、投资力度、政策力度。国务院总理李克强 2013 年 12 月 18 日主持召开国务院常务会议，会议指出，守护绿水青山，留住蓝天白云，是全体人民福祉所系，也是对子孙后代义不容辞的责任。必须贯彻落实党的十八大和十八届三中全会精神，始终把建设生态文明、保护生态环境放在突出位置，强化科学治理，推广适用技术。

　　生态袋护坡技术，是集柔性结构、生态、环保、节能四位一体的建筑工程领域的一种新型生物工程技术。由于生态袋材料轻，填料可以就地取材，可在短时间内完成工程结构，所以也常运用于堤防工程、交通工程以及军事领域。所以，研究生态袋的设计和施工技术，不仅具有巨大的经济价值，还具有不可估量的社会价值。本书主要通过生态袋压缩试验、结构拉拔试验、结构渗透试验，分别研究了生态袋袋体受压时的变形规律、生态袋间接触面抗剪性能、生态袋结构的渗透性能；详细地阐述了生态袋结构设计和施工方法。旨在为生态袋结构设计与施工人员提供良好的参考，希望能够为土木工程、水利工程、交通工程、环境工程、农业工程等相关领域科研工作者提供方便。

　　本书涉及面广，内容主要为重庆市科委项目（CSTC2010BB1315）、重庆市教委项目（KJ131106）、重庆三峡学院人才引进项目（12RC13）的阶段性成果。

　　由于作者水平有限，书中难免存有不足，望读者批评指正。

作　者

2014 年 3 月

目　录

1 绪 论

　　环境污染和生态环境破坏是人类面临的重大社会问题之一。项目建设与环境保护兼顾是经济可持续发展的重大课题之一，世界各国都很重视，我国也不例外。在铁路、公路、水利建设中，经常需要开挖大量的边坡，边坡的开挖破坏了原有的植被覆盖层，造成了严重的水土流失，加剧了生态系统的退化。如何在建设开发中兼顾保护自然环境，如何快速恢复工程创面的生态环境并实现坡面的植被保护，都是亟待解决的问题。因而，河堤加固、荒山治理、滑坡治理等工程项目中，采用资源消耗低、环境影响小的生物护坡工程技术已经是社会发展的必然趋势。

　　生物护坡工程技术兴起于欧美国家，其形成一门科学，还是近十几年的事，直至今日甚至连一个很贴切的术语都还没有形成。在国际上专门以生物护坡为主题的首次国际会议于 1994 年 9 月在英国牛津举行。国外一般把生物护坡定义为"使用活的植物或者其与土木工程和非生命的植物材料相结合，以减轻坡面的不稳定性和侵蚀"，其途径与手段是利用植被进行坡面保护和侵蚀控制。

1.1　几种常见的植被护坡技术

1.1.1　铺草皮护坡技术

　　铺草皮是较常用的一种护坡绿化技术，是将培育的生长优良健壮的草坪，用平板铲或起草皮机铲起，运至需绿化的坡面，按照一定的大小规格重新铺植，使坡面迅速形成草坪的护坡绿化技术，如图 1.1 所示。

　　铺草皮护坡具有以下特点：

　　（1）成坪时间短。草种从播种到成坪所需要的时间较长，一般需要 1~2 个月，采用铺草皮的方法，可实现"瞬间成坪"，因此，对于急需绿化或植物护坡的边坡，采用铺草皮是首选办法。

图 1.1　铺草皮护坡技术

（2）护坡功能见效快。植物的护坡作用主要通过它的地表植被覆盖和地下根系的力学加筋来实现，草坪在未成坪前对边坡基本起不到防护作用。铺草皮由于即时实现草坪覆盖，因此依靠其地表覆盖，在一定程度上可减弱雨水的溅蚀及坡面径流，降低水土流失，迅速发挥护坡功能。

（3）施工季节限制少。植物发芽都需要适宜的温度条件：冷季型草种的适宜播种季节是旱季和夏末秋初，最适宜的气温为 15~25 ℃；暖季型草种最适宜的播种季节是春末秋初，适宜的气温为 20~25 ℃。在适宜季节外施工，草种的发芽率、生长都会受到影响。

（4）后期管理难度大。新铺的草皮，容易遭受各种灾害，如病虫害、缺水、缺肥等，因此在新铺草皮养护期间，必须加强管理。

1.1.2　三维植被网

三维植被网护坡是在铺草皮护坡存在诸如易遭受强降雨或者常年坡面径流形成冲沟、引起边坡浅层失稳和坍塌等缺陷的基础上发展起来的。三维植被网的基础层和网包层网格间的经纬线交错排布黏结，形成立体拱形隆起的三维结构，质地疏松、柔韧，使网具有合适的高度和空间，可以充填储存泥土和砂粒，因而具有抗水冲刷、固土蓄水、阻风滞水等功能，如图 1.2 所示。

三维植被网具有以下特点：

（1）固土性能优良。三维植被网表面有波浪起伏的网包，对覆盖于网上的客土、草种有良好的固定作用，可减少雨水的冲蚀。

图 1.2　三维植被网

（2）消能作用。由于网包层的存在，缓冲了雨滴的冲击能量，减弱了雨滴的溅蚀。网包层的起伏不平，使风、水流等在网表面产生无数小涡流，减缓风蚀及水流引起的冲蚀。

（3）网络加筋突出。三维网络对回填土起着加筋作用，且随着草种根系生长发达，三维植被网、客土及草种根系相互缠绕，形成网络覆盖，增加边坡表面的抗冲能力。

（4）保温效果良好。三维植被网垫具有良好的保温作用，在夏季可使植被根部的微观环境温度比外部环境温度低 3~5 ℃，因此，三维植被网在一定程度上解决了逆季节施工难题，促进植被均匀生长。

1.1.3　生态毯护坡技术

生态毯是由复合纤维织物、反滤土工布与多样化草种、草皮等配套的一体化新型生态护坡材料，在防止河道堤岸水力侵蚀、土壤流失的同时，可达到边坡生态修复、景观绿化的功效。生态毯护坡技术给草坪建植方式带来了一场根本性的变革，使得快速、高质量地建植草坪成为可能，使用时如同铺地毯一样，将生态毯覆盖于山坡、路基或坪床上，若干天后，即形成优质草坪。生态毯形成的坡面美观自然，后期极少维护；施工完毕就可以起到很好的固沙、护坡和水土保持作用，如图 1.3 所示。

生态毯具有如下特点：

（1）施工方便快捷。产品由工厂预制，运输方便；新型一体化结构，可直接施工，且无需使用特殊工具，完全可以人力施工；免去多重中间环节。

图 1.3　生态毯

（2）抗风蚀能力强。生态毯紧贴坡面，即便是气候条件比较恶劣的环境下，只要设计合理，抗风速可达到 15~20 m/s。

（3）抗冲刷能力强。生态毯能够为 25° 以上的河道边岸提供绿化条件，长期抵抗流速 1.2~2 m/s，短期抗流速可达 3~4 m/s。

1.1.4　生态袋护坡技术

水流所搬运土粒的直径与流速的二次方成正比，对于松散的土颗粒，水流可以轻易地将其搬离原地；在生态袋中装入密实的土体，袋与袋之间通过联结扣组成一个牢固的护坡系统，即使再大的水流，也绝无将土颗粒搬走的可能。生态袋填充的土壤是植物生长发育的基地，袋体与填土对植被具有涵养作用和支撑作用，并在稳定和缓冲环境变化方面起着重要作用。生态袋通常被用于水利、交通、市政等行业需要快速生态修复的永久工程结构中。

生态袋是一种含有种子夹层的、有一定强度、一定规格的、一端开口的袋子，袋子内可以装入土壤和肥料。生态袋技术是集客土、种子直播、幼苗移栽、水土保持等原理为一体的坡面植被建植技术，如图 1.4 所示。

生态袋具有如下特点：

（1）柔性永久结构。生态袋结构为柔性结构，对不均匀沉降有很好的适应性，能承受一定的位移和沉降，而不产生明显的应力集中；结构对冲击力有很

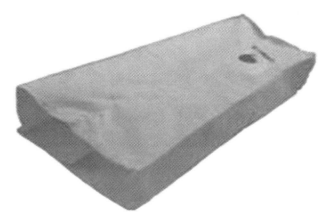

图 1.4　生态袋

好的缓冲作用，抗震性好。结构面层通过植被的根系同自然坡面结构形成一个有机的整体，不会产生分离和崩塌等现象；随着时间的延续，植被根系进一步发达，结构的稳定性和牢固性还会进一步加强。

（2）友好的生态效应。不用水泥、钢筋、混凝土等传统建材，不产生建筑垃圾，没有施工噪声污染，能与生态环境很好地融合。植物种子选择多样化，能乔、灌、藤、草结合，充分发挥植物的水土保持、生态修复功能。

（3）施工快捷。生态袋由工厂定制而成，材料轻便，易运易存；填料大多可以就地取材。施工人员专业技术要求低，一个由 3~4 人组成的熟练施工队伍每天可施工 40 ㎡生态袋结构。

1.2　生态袋护坡结构构成元素

生态袋护坡技术是一种生物护坡工程技术，其主要由生态袋、联结扣、土工格栅、编制土工布等几种元素构成。

1.2.1　生态袋

生态袋是由质量轻、环境协调性好的纤维材料加工缝制或者胶结而成，具有透水不透土的过滤功能，既能防止填充物流失，又能实现水分在土壤中的保持和交流，是生态袋护坡结构的面层。抗冲生态袋面层共有四层：第一层加强纤维织物，材质为聚酯纤维；第二层反滤层，材质为聚酯系无纺布；第三层草种、肥料层；第四层复合纤维织物，材质为木浆纤维，如图 1.5 所示。生态袋中填充的土壤是植物生长发育的基地，袋体与填土对植被具有涵养作用和支撑作用，并在稳定和缓冲环境变化方面起着重要作用。

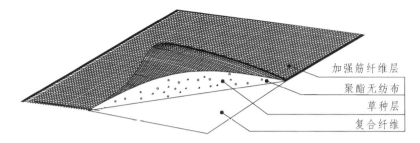

加强筋纤维层
聚酯无纺布
草种层
复合纤维

图 1.5　抗冲生态袋面层

1.2.2　联结扣

联结扣是由聚丙烯材料挤压成型的高强度构件，主要由主板、扣齿组成。将联结扣放在上下层两个生态袋接触面内，在上部生态袋竖向压力的作用下，联结扣齿将刺入与其接触的生态袋中，防止生态袋之间的相对滑动，以增加生态袋护坡结构面层整体性，充分发挥生态袋柔性结构的特点，如图 1.6 所示。部分联结扣还带有锁口，用于固定填土中的拉筋，以增加面层与填土层的整体性。

图 1.6　联结扣

1.2.3　土工格栅

土工格栅是用聚丙烯、聚氯乙烯等高分子聚合物经热塑或模压而成的二维网格状或具有一定高度的三维立体网格屏栅。常水平铺设在生态袋挡土结构回填土区，可以提高地基承载力，减少沉降，增加填土稳定性；可以增加回填土的整体性及连续性，有效控制不均匀沉降。在施工时将土工格栅伸入并固定在结构面层中，可增加生态袋结构的整体性，如图 1.7 所示。

图 1.7 土工格栅

1.2.4 反滤土工布

通常采用短纤针刺土工布，因其具有抗老化、耐酸碱、耐磨损、柔韧性好、施工简便的特点，具有良好的透气性和透水性。将土工布铺设在生态袋面层后，可减少来自填土区的水压力；防止填土渗入面层，影响填土区的稳定性。

1.3 生态袋护坡结构研究现状

关于生态袋护坡技术的研究，欧美国家主要是围绕着防止坡地受雨水侵蚀的目的而进行，日本则更注重实用技术开发和应用，研发了大量新型的种植基材。欧美、日本等在 20 世纪 80 年代就开始使用纸质植生袋，继而在 90 年代初开发出无纺布植生袋和纤维棉植生袋；韩国在 90 年代从日本引进植生袋技术并广泛应用于坡面植被恢复工程。我国在 20 世纪 90 年代末期开始从日本和韩国引进植生袋技术，并在公路、水利、林业等领域进行了应用。如甘肃刘白、湖南临长等高速公路，湖北宜昌页岩山区、浙江杭州白云山等边坡护坡，江苏镇江北固山长江沿岸护坡工程，都取得了良好的植被恢复效果。关于生态袋及其结构岩土力学方面的研究成果极少。近几年关于土工编织袋的研究成果，主要有以下几个方面。

1.3.1 关于土工编织袋结构耐久性研究

1.3.1.1 抵抗损坏的能力

土工编织袋作为结构的面层，暴露在外面的土工材料，被损坏是不可避免的，这极大地影响土工编织袋结构的耐久性。Hornsey、Carley、Kunt Oberhagemann 认为，土工编织袋的损坏主要是洪水经过时的固体漂浮物、竹竿等坚硬物体导致的意外损坏，以及小刀割裂等人为故意损坏。多次试验证明，提高土工材料的抗冲击能力，可以有效地减少各种土工织物的意外损坏。对于土工织物来讲，提高 CBR 强度以及伸长量，可以增加材料抵抗意外损坏的能力。对于那些故意损坏的行为，可以采用双层土工织物的形式，外层由粗糙的纤维构成，不易损坏；外层粗糙的土工纤维会网住水中泥沙，增加面积重度，进一步提高抗损坏的能力，即使外层被损坏，内层还能起到维持结构稳定的作用。

1.3.1.2 抵抗紫外线作用强度退化问题

通常土工织物都被埋在地下，起加筋、排水或者分隔作用。Faure、Farkouh 通过对建设 21 年后 Valcros 水坝结构中的土工织物进行各项测试，结论认为：埋设在地下对土工织物的强度参数并没有明显的影响。一般的工程结构，土工织物材料暴露在空气中的时间也就是施工期间的 1~2 个月，按照 ASTM D4355 设计土工织物的抗紫外线强度退化是合理。澳大利亚进行了土工织物袋材料长期的抗紫外线强度退化试验，最长超过 6 000 小时。由于土工织物袋结构会长期暴露于空气中，对于濒水的生态袋结构，考虑到丰水期和枯水期水位的影响，生态袋表面俘获的泥沙保护，以及生态袋表层植被的覆盖，考虑 2 年后强度退化是很必要的。Hornsey、Carley 认为暴露在野外 1 年后强度保持率在 80%以上的土工材料，用于河道边岸防护是合理的。

1.3.1.3 土工编织材料的耐磨性

水流中的泥沙不可避免地会对土工编织袋材料进行磨蚀，长期的磨蚀作用对生态袋结构安全性造成重大的影响。按照水流速度 1 m/s、泥沙主要集中在 6~9 月，生态袋结构设计寿命为 50 年计算，生态袋材料输沙距离超过 50 万千米。目前最好的办法是针对生态袋材料用于沿海和航道设计转筒磨蚀试验。Kunt Oberhagemann 认为：根据工程实际流速、泥沙含量等的使用条件，8 万次循环后强度保持率在 70%以上的可以用于河道边岸防护。在没有试验条件的情况下，采用粗糙纤维缝制的土工编织袋，也有较强的抵抗磨蚀能力，粗糙的土工纤维除了会网住水中泥沙以外，还因为凹凸不平的表面纤维有一定的削弱波浪能的功能。

1.3.1.4 土工编织袋填料的长期保留量

不同类型的实际工程填料最佳填充度略有不同，通常采用极限填充程度的 80%~85%作为最佳填充程度。土工编织袋中填料的长期保留量，对于土工编织袋结构的长期稳定性具有重要的意义。由于生态袋结构长期受到水流的拍打和冲击，水会渗入袋体，改变填土的性质，带走部分黏粒；水流的长期作用，可能会改变生态袋材料的渗水保土性能。Hornsey、Carley 认为选择生态袋材料和填料时，应以能填料重量长期保持在 95%以上为佳，水流不能在生态袋中形成稳定的渗流路径。一般生态袋材料等效孔径 O95 在 0.1~1 mm，而不少种类填土的有效粒径 d_{10} 甚至限制粒径 d_{60} 均小于 0.1 mm，所以选择合适的土工编织物和对应的充填物比较关键。对于流速小，季节性淹没入水中的生态袋结构，选择合理的施工时间，植被根系固土作用可以阻止土壤流失。对于流速大，长期淹没入水中，植被恢复困难的生态袋结构，可以选用碎石砂土填充；对于流速大，水位波动大，植被可能恢复的区域，生态袋可以采用双腔设计，在外腔中填砂土防止填料流失，在内腔体里面填充植被生长的基质。

TOMITA、TAJIMA 通过在海岸附近设置实体的模型，肯定了土工编织沙袋具有消能沉砂作用。Zheng Duo、 Zhou Jiyuan、 Yang Jinliang 等通过对临时冻土区的生态袋护坡结构的研究认为，由于生态袋表面俘获的泥沙保护、植被的作用，生态袋材料的厚度反而增大，抗拉强度反而有所增加。目前生态袋结构已经成功用于多个护岸工程实践。河道防护工程通常设计寿命 30~50 年，在此期间可能会要求维修。要准确估算土工材料的使用期限是很困难的，应根据不同的加载条件和现场条件确定，一般认为土工编织袋材料 50 年使用期限是有保障的。

1.3.2 关于土工编织袋结构变形稳定性研究

1.3.2.1 土工编织袋压缩变形试验研究

刘斯宏、徐永福等学者，都对生态袋结构压缩变形规律进行过深入的研究。他们认为生态袋受到外力时，其形状会发生变化。假定生态袋是长袋，当周长伸长时，短轴方向缩短，长轴方向伸长，生态袋中就会产生张力 T。该张力 T 反过来产生一附加力作用于内部的土体上。因此作用在内部土体上总的应力为外部施加的应力与生态袋张力引起的附加应力之和。在假设土体处于被动极限应力状态时，推导生态袋张力与附近黏聚力的关系：

$$\sigma_{1f} = \sigma_{3f} K_p + \frac{2T}{B}(\frac{B}{H} K_p - 1) \tag{1.1}$$

式中　　K_p——生态袋内部土体的被动土压力系数；$K_p = (1+\sin\phi)/(1-\sin\phi)$；
　　　　B、H——生态袋截面的高或者宽。

式（1.1）在二维空间将生态袋受压时变形特征与受力状态建立了联系，已用于生态袋结构变形与受力的理论和竖直模型分析中。Yousef Ansari、Richard Merifield 认为压平后生态袋横截面两侧近似为半圆形。而闫玥、闫澍旺等在假定生态袋尺寸较大，按平面应变问题处理；将填料视为液体，不考虑黏滞效应；忽略填充物和生态袋之间剪切力的基础上，推导了土工编织袋横截面两侧曲线的解析表达式。在实际应用中，两者得到的差值较小。刘斯宏等将生态袋受压时变形特征与受力状态的联系机理推广到了三维空间。如果能准确地测试出生态袋在受力时各个方向发生的变形，按照 Yousef Ansari、闫玥等类似的方法，可以推导生态袋纵截面两侧的曲线形态。

1.3.2.2　土工编织袋结构渗透试验研究

应强等学者研究认为，生态袋的渗透性与生态袋的填充度有关，将沙袋填得尽量多，各沙袋间空隙很小的填充度定义为最佳填充度，并给出了实用公式。孙东坡，王二平等通过对矩形断面明渠流速的研究，认为明渠道流速沿水深（垂向）变化符合二次抛物线函数形式，分布系数主要受水流强度因子 Froude 数控制。Recio、Oumeraci 通过试验研究了填充度在 80% 左右，各种堆叠方式的生态袋结构的渗透性，认为生态袋结构的渗透性主要取决于生态袋之间间隙的大小及连通性，生态袋内的渗流相对较小，可忽略不计。Recio、Oumeraci 给出了不同流态，即层流、过度流、紊流等流态下，求解生态袋材料与水之间摩擦系数、生态袋孔隙摩擦水头的渗流分析概念模型。如果有实测流速数值，按照孙东坡等求解流速沿水深的分布的基本方法，结合能量方程，可以求解流入生态袋结构孔隙的流速；结合到生态袋结构两边的水头差，可以求解流出生态袋孔隙的流速。

1.3.2.3　土工编织袋结构变形稳定性研究

Recio、Oumeraci、Oberhagemann 等学者认为生态袋结构为柔性结构，生态袋的变形和位移对生态袋结构的安全稳定性起着决定性的作用。Recio、Oumeraci 通过水槽模型实验研究认为：在波浪作用下，生态袋护岸结构最关键的位置是略低于静水面（still water level）的位置，不管是在波浪上冲还是下泻阶段，此位置的生态袋将承受最大的水荷载；最危险的阶段是在水流下泻的时候，水流会沿着生态袋面层的后侧和生态袋之间的接触处，推动生态袋向墙前移动；当波浪来回作用时，生态袋前侧会随着波浪发生向上向下来回的转动，从而减少生态袋之间的有效接触面；生态袋中的砂子也会发生向前的移动，引起生态袋变形，从而影响整个护岸结构的稳定性。Darshana、Dassanayake、Oumeraci 等通过不同波浪要素的多次水槽模型试验，分析了各种因素对生态袋结构的稳定性的影响，认为生态袋填充率、生态袋间的摩擦系数、材料参数、墙面倾角、堆叠方式、水力条件等各种条件都会影响生态袋结构的稳定性。尽管生态袋结构与波浪作用相关理论较为复杂，但多次室内试验、现场试验、工程实践表明，单个生态袋的重量以及生态袋结构面层的有效厚度对生态袋护岸结构变形稳定性起到至关重要的作用。目前常用的土工编织袋护岸结构设计公式如表 1.1 所示。

表 1.1   防浪生态袋护岸结构设计常用公式

设计方法	公式形式	考虑因素
Hudson（1953）	① $W = \dfrac{\gamma_b H^3}{K_D(S_b-1)^3 \cot\alpha}$	单体重量 有效厚度
Bouyze、Schram（1998）	② $\dfrac{u_{ar}}{(g\Delta D)^{0.5}} = 1.0$	有效厚度
Wouters（1998） Hinx Oumeraci（2002）	③ $N_s = \dfrac{H_s}{(\rho_b/\rho_w - 1)D} = \dfrac{n}{\sqrt{\xi_0}}$, $\xi_0 = \dfrac{\tan\alpha}{\sqrt{H_s/L_0}}$	有效厚度
Nauc（2003）	④ $l_a \geqslant u^2 \dfrac{(0.5C_D + 2.5C_L\mu)}{(1.6\mu\Delta g - C_M \frac{\partial u}{\partial t})}$	单体重量 有效厚度
Oumerac（2009）	⑤ $l_a \geqslant u^2 \dfrac{(0.5KS_{CD}C_D + 2.5KS_{CL}C_L\mu)}{(\mu KS_R\Delta g - KS_{CM}C_M \frac{\partial u}{\partial t})}$	单体重量 有效厚度

1.3.2.4   土工编织袋结构稳定性研究数值模拟

Yousef Ansari、 Richard Merifield、Haruyuki Yamamoto 提出了一种有限元三维模型，模型设定土体与袋体之间的摩擦系数、设置水平和竖向位移控制函数来模拟袋体之间的接触与滑动，模拟生态袋在竖向压缩和循环剪切下的力学行为；该三维模型能够分析材料屈服应力和袋体厚度对袋体竖向变形和极限承载力的影响。Recio、Oumeraci 用 COBRAS 模型模拟不同时刻、不同位置波浪力以及波浪力对生态袋结构的作用，该模型是二维模型。采用 UDEC 模型模拟生态袋袋体的大变形以及生态袋之间接触摩擦作用，该模型是三维模型。通过流体与固体的分部耦合：主要两个模型分开运行，首先由 COBRAS 模型写入某时刻各节点的波浪力的 ASCII 文件；再由 UDEC 模型读入该文件，通过计算写入该时刻各节点的坐标的 ASCII 文件；然后由 COBRAS 模型读入该文件，更新下一时刻各节点的波浪力，直到达到设定的有关界限值。在计算中，不考虑袋内土体的渗流，仅考虑水流在生态袋间歇中流动。该数值模型计算结果与水槽试验模型结果基本一致。

1.4 本书的主要研究工作及实际意义

1.4.1 主要的研究工作

1.4.1.1 填充度对生态袋变形稳定性影响研究

尽管关于土工编织袋填充度的问题在有关文献中多次提及，在实际工程实践中，要快速地施工，控制填充度的有效方法却很少有人提及。本书主要通过控制生态袋重量的方法控制填充度。在生态袋的单轴压缩试验、抗拉拔试验、渗透性试验等多个试验中，都力求弄清楚生态袋填充度对生态袋各项岩土力学指标的影响，这些指标对于生态袋结构工程质量控制和检查验收都是必要。

1.4.1.2 压缩试验中生态袋变形破坏机理研究

关于土工编织压缩试验的有关学术论文及专著很多，提出了很多适用性较强的理论。尽管本书的规律及结论也仅针对生态袋的单轴压缩试验，但在试验过程中通过测量用的专用贴片测试了生态袋各个方面的应变，这样就能够确切地知道生态袋结构在受压后各向具体形态的变化。虽然仅对生态袋结构竖向压力-变形预测公式结合试验数据进行了简单的分析，实际上该方法同样可以用来预测受到侧压力时生态袋的受力-变形情况，且公式形式也比较简单。在实验过程中采用多次循环剪切实验方式，有意模拟水、浪循环作用对生态袋结构形状的影响。

1.4.1.3 生态袋结构面抗剪力研究

生态袋结构面层的抗剪性能对于结构的局部稳定非常重要。对生态袋结构进行抗拉力测试，主要是分析设置联结扣、干湿条件对生态袋及其结构各项抗剪切指标以及墙面变形的影响；分析生态袋结构面层的连接性能的影响因素，评价生态袋结构使用的工程领域，为合理设计提供依据。一直以来，联结扣在工程中广泛运用却缺乏深入的研究；利用 GDEM 软件分析联结扣主板和扣齿受力情况，对联结扣的研究、开发有积极意义。

1.4.1.4 生态袋结构渗透性试验研究

生态袋结构与常规的土工编织袋结构在建造时有一定的差别。常规的编织袋用于军事、防洪、抗灾等领域，由于工程条件的需要，常多层堆叠；但生态袋结构通常的作用就是水土保持和植被恢复，通常作为面层单层堆叠。研究不同填充度以及不同类型的填充物对生态袋结构渗透性的影响，对于生态袋结构的设计和施工更有实际意义。本次试验过程中，对堆叠好的生态袋体，有意增加竖向挤压应力，渗透系数的测值基本上偏小，采用偏小的测值在实际设计中是偏于安全的。

1.4.1.5 挡土型生态袋结构设计方法的研究

生态袋挡土结构为柔性加筋挡土结构，生态袋作为挡土结构的面层，采用类似于加筋挡土结构的设计方法设计生态袋挡土结构；在设计时采用库仑土压力理论；没有考虑黏聚力的影响，这种做法使设计接近工程实际，使结果偏于保守。设计过程中利用到生态袋柔性结构几乎不传递力矩的性质，简化了生态袋结构稳定性分析过程。采用摩擦加筋原理分析拉筋与填土之间的作用。在设计过程中主要分析生态袋结构外部、内部、局部受力的稳定性，没有考虑结构的沉降和变性，对变形指标有一定要求的工程各参数应采用试验后指标。在设计过程中还对结构各部分材料要求进行了说明。

1.4.1.6 护岸型生态袋结构设计方法的研究

生态袋护岸结构在波浪作用下通常会发生滑出和倾覆两种失稳方式。受到生态袋材料、填充度、生态袋规格、生态袋在结构中受到约束的情况以及边岸和波浪工程水文条件的影响，生态袋护岸结构首先是由于生态袋自身的重量来维持护岸结构的稳定性，也就是说生态袋护岸结构面层有足够的有效厚度以及袋体有足够的重量，就可以保证护岸结构的稳定。考虑到生态结构不变形和变形两种情况，推导了生态袋面层有效厚度和单个单体重量的计算公式，并对各影响因素进行了分析。还阐述了边坡型生态袋护岸结构设计的一些实用方法，并对各部分材料要求进行了说明。

1.4.1.7 植被根系对生态袋护坡结构安全稳定性影响研究

从草本植被根系的微观形态以及根系的固土机理入手，分析了植被根系对生态袋结构安全稳定性的影响。把根系简化为以主根为轴、侧根为分支的全长黏结型锚干来分析其对周边土体的力学作用，推导了根系与周边土体的摩擦力和根系与土体之间的咬合力的计算公式；分析了根系密度变化对生态袋结构的安全系数的影响。

1.4.1.8 生态袋护坡结构施工方法研究

详细地阐述了生态袋结构的施工技术；按照生态袋结构的施工工序，针对生态袋结构的特点，详细地分析了场平、垫层、生态袋装填、底层生态袋、联结扣、拉筋、栽植等各环节的施工细节。详细地阐述了生态袋结构填料的选择以及压实的施工方法；通过比较常见的几种栽植方法，阐述了生态袋结构各种工况下栽植施工技术。

1.4.2　研究工作的实际意义及研究脉络

1.4.2.1　研究工作的意义

对于交通、市政、土建等领域的普通坡岸，生态袋结构已经有了相对较为成熟的可行设计和施工方法。目前在澳大利亚、美国、加拿大、日本、孟加拉国等国家，强度大于 20 kN/m，CBR 强度大于 3.8 kN，抗冲击能 200 J，材料面密度在 600 g/m² 左右的生态袋材料已经被成功地运用于多个流速超过 6 m/s、浪高超过 8 m、坡角超过 75°的海岸工程。在我国，四川泸州长江张坝河段防洪工程、四川阆中嘉陵江防洪工程、山东即墨河综合治理工程等，生态袋护岸结构也得到广泛应用，并取得了较好的社会和环境效益。

根据有关资料分析：三峡库区是一个很小的有限的狭长水域，各地最大风速一般为 12~20 m/s，最大风速可能超过 30 m/s；浪高一般为 0.3~0.6 m 左右，最大可达 1.2 m 以上；根据江面宽度、区域地形、风向不同，吹程可能达到 6~14 km。相对于风急浪高的海洋而言，三峡库区的波浪要素比较容易确定，采用保守的设计，可保证结构的稳定性。波浪要素并不是三峡库区消落带生态袋护岸结构设计的首要问题。生态袋结构在三峡库区使用，具体设计和施工时，由于工程量巨大，为了兼顾安全、环境和效益，重点应考虑以下一些技术难题：

（1）单个袋体的变形稳定性。土工编织袋作为防浪结构时，袋中的充填物通常是中粗砂、碎石或者混凝土，一般不用担心填充物的长期保有量，基本不用过多考虑袋体变形对结构、功能的影响。生态袋在三峡库区消落带应用时，必须考虑到最高 30 m 的周期性水压、植被的恢复、对三峡水库水质的影响。

（2）三峡水库库岸使用时，生态袋结构面层长期整体稳定性。在三峡库区推广使用时，要考虑的最重要的因素还是水的影响。首先，生态袋、填料的性质，在干燥和湿润以及在饱和状态下会肯定有差异。在研究时，必须考虑水的浸泡作用对袋体的变形稳定以及对袋体之间连接性能的影响。其次，应考虑生态袋变形可能导致袋体结构间间隙的变化，从而引起生态袋面层渗透性的变化；在波浪作用下，特别是波浪回落时，局部产生较大的浮托力，是否会引起生态袋结构的局部破坏。必须考虑两种不利工况对生态袋结构整体稳定性的影响：① 水位上涨、波浪作用和长时间降雨；② 水位下降、波浪作用和长时间降雨。因为在水位消落时，江面水位下降速度比坡体内的水位下降快，必然会产生一个向坡外的渗透力；长时间的强降雨，会导致坡体内第四纪堆积土的工程性质弱化，且坡内的水压力大幅度增大，也会发生一些意想不到的工程问题。

有关专家和职能部门的领导很有兴趣在三峡库岸大规模推广使用生态袋结构，最近连续几年，水利部国际水利先进技术推介会上，都有强度高、植生效果好、生态环保的土工编织袋项目出现。本项目拟先期对三峡水库水位反复升、降变化和浸泡-风干循环耦合作用下生态袋及生态袋结构的长期变形稳定性计算、可行的设计和施工方法，做一些前期的研究工作，为打造"美丽长江"提供试验数据支撑和理论依据。若生态袋护坡技术可在消落带长期适用，可望解决三峡库区边岸侵蚀和消落带植被缺失两大难题。三峡水库大坝高程 185 m，正常蓄水位 175 m。三峡库区包括下游的宜昌市夷陵区、秭归县、兴山县、巴东县，到上游重庆市的万州、涪陵、江津市等 20 个县（市、区），总面积为 5.4 万 km²，拥有广阔的长江堤防岸线和众多的农村堤防水利设施，都是本项目研究成果、技术应用后潜在的市场。从总体上看，生态袋护坡工程技术的发展非常迅速，并显示了强大的生命力和广阔的应用前景。

1.4.2.2 主要的研究脉络

设计了循环压缩试验、干湿状态结构抗拉力试验、渗透性试验，模拟濒水环境；有关参数可以应用到生态袋护岸结构的设计和施工中。主要的研究脉络如图 1.8 所示。

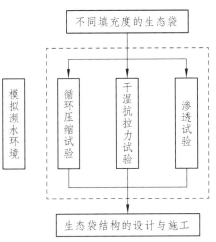

图 1.8 主要研究脉络

已有的试验成果都是砂袋护岸结构设计可以参考的公式。这些公式涉及风浪参数（波长、波高、周期等），结构中砂袋有效的参数（填料、长、宽、高、浮重度等）以及与结构有关的参数（渗透性、有效接触面积、袋间摩擦系数等）。本书在各个试验过程中有意按照三峡库岸的实际工况进行各项试验。有关研究成果，必将丰富和完善生态袋设计和施工的有关公式。

2　生态袋压缩试验研究

2.1　生态袋压缩试验目的

通过生态袋压缩试验，可以得到压力和变形之间的变化规律，可以评估不同填充度时生态袋抑制沉降的能力，分析生态袋袋体受压时的变形破坏机理；根据生态袋压力变形规律，推导理论模型，预测生态袋结构变形与沉降。循环生态袋压缩试验，分析生态袋在循环压缩过程中的应力—应变关系，计算压缩过程中生态袋的各项变形，为渗透试验数据处理计算参数。

2.2　土工编织袋单轴压缩试验

2.2.1　试验准备

选用装填材料河沙：密度 2.7g/cm³，内摩擦角 38°；装填材料填土：密度 1.7 g/cm³，比重 2.72，黏聚力 20.7 kPa，内摩擦角 18°；通过固结试验得压缩模量为 5.4 MPa，再压缩模量 17.4 MPa。按式（2.1）计算生态袋填充后的体积。

$$V = a^3 \left[\frac{b}{\pi a} - 0.142(1 - 10^{-b/a}) \right] \qquad (2.1)$$

式中　a，b——填充前生态袋的长度、宽度；

　　　V——填充度 100% 时生态袋的体积，如图 2.1 所示。

选用规格为 20 cm×40 cm 的生态袋装填河沙，填充度 85%、80%、75%；用丝线将开口一端缝牢。每次试验采用 3 个生态袋，每个填充度做 3 组试验；共 27 个生态袋，如图 2.2 所示。在试验袋体的表面贴上 12 个测量用专用贴片，用来测量生态袋在压缩过程中的变形。

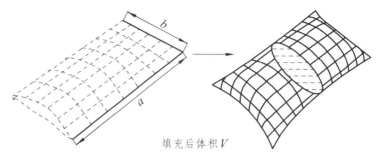

填充后体积 V

图 2.1　生态袋尺寸示意图

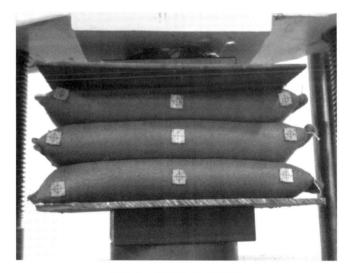

图 2.2　测试中的生态袋

2.2.2　不同填充度时单轴压缩试验结果分析

填充度为 75%、80%、85%时，土工编织袋单轴压缩试验的压力-位移关系曲线如图 2.3 所示。生态袋的竖向位移随压力的增大而逐渐加大，截面被压成扁平状；随着压力的增大，压力-位移曲线出现上翘现象，表明生态袋能很好地抑制沉降。

从图 2.3 可以看出，填充度为 85%的沙袋竖向压力与应变曲线在填充度为75%的沙袋之上，表明填充度越大，沙袋抑制沉降的能力也较大。由于填充度 85%的沙袋含沙量多，纤维发生变形较大，所以破坏时的竖向压力相对较小。生态袋在压缩过程中，压力-位移关系不断调整；能承受 300 kN 左右的竖向压力，直到袋体彻底破坏。

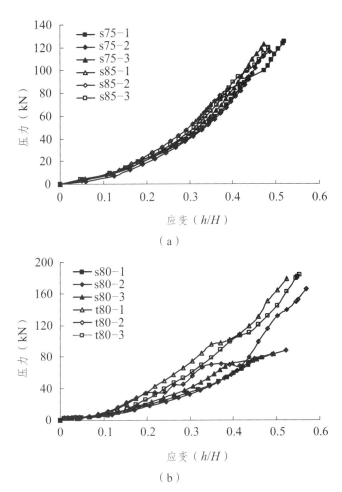

图 2.3 不同填充度土工编织袋单轴压缩试验

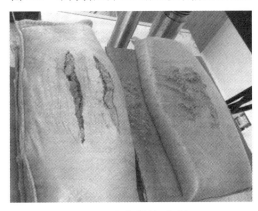

图 2.4 生态袋拉裂破坏

生态袋破坏时，张裂缝出现在生态袋受压面上下表面，其伸展方向与生态袋纵截面方向一致，如图 2.4 所示。说明水平放置单轴竖向受压的生态袋，生态袋材料在横截面受到最大拉应力。

通过专用贴片坐标变化计算受压的 3 个生态袋的各向应变，测得中间生态袋各项变形数据如表 2.1 所示。

表 2.1 单轴压缩试验生态袋拉裂时的各项应变

沙袋填充度	各方向应变		
	高度（ε_h）	长度（ε_l）	厚度（ε_b）
0.75	0.35	0.13	0.04
0.80	0.36	0.14	0.06
0.85	0.34	0.16	0.07

注：以上数据是在压缩试验结束后测量所得，实际应变数据应该会小于表中数值。由于填土生态袋的变形过大，计算的各向应变已无实际意义，没有列入表中。

2.2.3 生态袋单轴循环压缩试验

为了分析生态袋结构在竖向循环载荷下的变性性状，在试验室做了含砂 80%、土 80%的单轴循环压缩试验。采用的试验方法是，在试验室将竖向荷载加到 35kN 左右，卸压停止试验；再加压到 35kN 左右，如此循环 4~5 次，结果如图 2.5 所示。

由图 2.5 可以分析出，施工时对生态袋进行预压，有助于减小生态袋结构的后期沉降。参照《土工试验标准》（ GB/T50123—1999 ）的规定，得到 P_1=100 kPa，P_2=200 kPa，生态袋变形模量 E 和回弹模量 E_s 如表 2.2 所示。

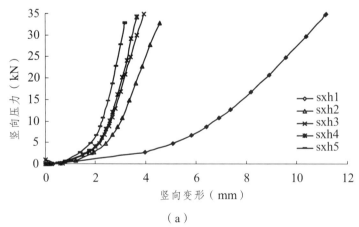

（a）

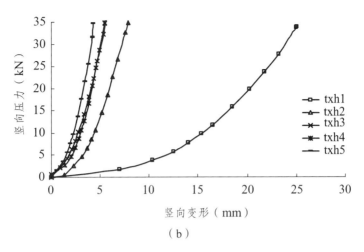

（b）

图 2.5   土工编织袋单轴循环压缩试验

表 2.2   生态袋单轴压缩时变形模量和回弹模量

生态袋类型	变形模量	再压缩模量	比值
	E（MPa）	E_s（MPa）	（E_s/E）
0.8 砂	3.86	21.25	5.5
0.80 土	1.85	17.00	9.2
0.70 砂	3.04	14.17	4.66

2.3   生态袋破坏机理分析

　　无土工编织袋材料作用的填土受到竖向压力时，能形成完整自然的剪切应力面，在应力分布面的底端伴随着土体的侧移。生态袋袋体中的土体，受竖向压力时，由于生态袋材料的约束，剪切应力流不能切穿生态袋材料而进入上下层袋体的填土中，只能存在于单个生态袋的填土中，如图 2.6 所示。在竖向压力

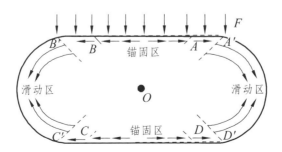

图 2.6   生态袋内填土在竖向受力时应力状态示意图

作用下，袋内填土向两侧移动，生态袋材料与填土之间存在有阻碍土体侧移的摩擦力。由于生态袋材料与填土之间的剪切、摩擦、咬合、锁定作用（以下统称摩擦作用），必然导致生态袋材料的变形。

由于土工织物是一种具有蠕变性质的材料，它试图控制生态袋内土体抗剪强度的发挥，由此可以认为，最初土工织物的应变增量与袋内周围填土沿受拉方向应变增量相等。由于土工织物与填土抗拉性质的差异，当袋内填土区侧向应变超过填土的极限应变时，土体被拉坏，将不能承受拉应力，生态袋材料将承受全部的侧向土压力。生态袋材料活动区承受的拉力将由锚固区生态袋材料与袋内填土之间的摩擦力平衡。

生态袋压密后呈扁平状，即中间为平面、两侧为曲面。锚固区长度确定十分复杂，取决于填料的填充度、填料的性质、填料与生态袋材料的摩擦属性，以及生态初始尺寸、上部荷载大小、作用方式等。通常在生态袋与上部荷载作用的区域，即如图 2.6 的 $A'B'$（上锚固区）及 $C'D'$（下锚固区）之关的一部分。一般而言，中间平面与两侧曲面临近的区域由于袋内填土具有较大的水平应变增量，为单轴压缩时生态袋材料最可能拉裂的区域。如果在压缩试验初期中间上平面长度为 AB（下平面为 CD），在压坏后，测量生态袋中间上平面长度为 $A'B'$（下平面为 $C'D'$）；则 AA'、BB'、CC'、DD' 均是生态袋材料最有可能拉裂的区域，如图 2.6 所示。

如果不考虑生态袋纵截面的影响，锚固区生态袋材料的拉结能力可以表示为

$$T_{AC} = L_M C_i \sigma_1 \tan \phi_i \tag{2.2}$$

式中　　L_M——该生态袋锚固段的长度；

$\quad\quad$ C_i——生态袋材料与填土之间的抗拔界面系数；

$\quad\quad$ σ_1——生态袋袋体受到的竖向荷载；

$\quad\quad$ ϕ_i——回填土的内摩擦角。

由于生态袋袋子张力的约束作用，产生了一个附近黏聚力。生态袋所产生的张力不仅与外界受力有关，而且与袋内填土的性质以及填充后生态袋的几何尺寸有关。生态袋压实后侧向一般呈外凸装的弧形，为了方便起见假定生态袋外观呈三维的六面体形，则生态袋各向附加应力表达式可以表示为

$$\begin{cases} \Delta\sigma_1 = \dfrac{2T_a}{B} + \dfrac{2T_a}{L} \\[2mm] \Delta\sigma_2 = \dfrac{2T_a}{B} + \dfrac{2T_a}{H} \\[2mm] \Delta\sigma_3 = \dfrac{2T_a}{H} + \dfrac{2T_a}{L} \end{cases} \tag{2.3}$$

式中　L，B，H——六面体的长、厚、高；

　　　T_a——活动区生态袋材料的拉力；

　　　$\Delta\sigma_1$，$\Delta\sigma_2$，$\Delta\sigma_3$——由于生态袋作用在 H、L、B 方向产生的附加应力。

根据 Mohr-Coulomb 强度理论，当生态袋内部土体处于极限破坏状态时，对于单轴压缩试验，可得到以下公式：

$$(\sigma_1 + \Delta\sigma_1) = \Delta\sigma_3 \frac{1+\sin\varphi}{1-\sin\varphi} + \frac{2C\cos\varphi}{1-\sin\varphi} \tag{2.4}$$

将式（2.3）代入式（2.4），整理得

$$\sigma_1 = 2T_{al}\left(\frac{1}{H} + \frac{1}{L}\right)K_p - 2T_{al}\left(\frac{1}{B} + \frac{1}{L}\right) + 2C\sqrt{K_p} \tag{2.5}$$

式中　K_p——被动土压力系数；

　　　C——生态袋中填土黏聚力；

　　　T_{al}——生态袋内部土体处于极限破坏状态时活动区生态袋材料的拉力。

将式（2.5）移项整理得

$$T_{al} = \frac{BHL(\sigma_1 - 2C\sqrt{K_p})}{(L+H)2BK_p - 2H(L+B)} \tag{2.6}$$

如果不考虑生态袋纵截面的影响，生态袋内部土体处于极限破坏状态时，活动区生态袋材料的拉力可以表示为

$$T_{al} = \frac{BH(\sigma_1 - 2C\sqrt{K_p})}{2(BK_p - H)} \tag{2.7}$$

由于生态袋材料水平放置，在压缩过程中，锚固区的拉结力随活动区的生态袋拉力增大而增大，两者始终保持相等，直到生态袋拉裂，满足：

$$T_{AC} = T_a = T_f \tag{2.8}$$

式中　T_f——生态袋的拉伸强度。

2.4　压缩预测模型建立与运用分析

生态袋结构发生拉裂破坏是工程结构所不容许的，且袋内填土在压缩过程

中并不满足处于极限破坏状态的条件。根据以上生态袋压缩破坏机理分析，可以通过生态袋滑动区生态袋材料拉力的变化建立模型，预测生态袋的压力和沉降之间的关系。

2.4.1 生态袋单轴压缩应力-变形关系假定

为了使分析问题简单化，假定压平后生态袋横截面形状如图 2.7 所示，截面主体尺寸 $H \times B \times L$（高×厚×长），截面两端近似为半圆形。假定生态袋在碾压过程中已压密，在压缩过程中生态袋体积不变，生态袋材料的厚度不变。

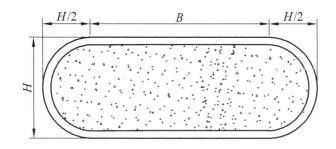

图 2.7 生态袋截面几何模型

多位学者通过试验已经证实，在压缩试验过程中有式（2.9）成立：

$$f(\varepsilon_1) = \frac{\sigma_{1m}}{\sigma_{3m}} = a\mathrm{e}^{-\varepsilon_1} + K_p \qquad (2.9)$$

式中 σ_{1m}，σ_{3m}——外荷载作用下生态袋受到的大小主应力；

a——生态袋初始状态参数。

根据生态袋结构在竖直方向、长度方向力的平衡，考虑生态袋两侧为半圆，则有式（2.10）成立：

$$\begin{cases} \Delta\sigma_1 = 2T\left(\dfrac{1}{B+H} + \dfrac{1}{L}\right) \\ \Delta\sigma_3 = 2T\left(\dfrac{1}{H} + \dfrac{1}{L}\right) \end{cases} \qquad (2.10)$$

将式（2.10）代入（2.9），易得

$$a = \frac{H(L+B+H)}{(B+H)(L+H)} - K_p \qquad (2.11)$$

显然初始状态参数 a 与初始状态时土工编织袋外观尺寸以及填土的性质有关。若不考虑生态袋长度 L 的影响，易得

$$a = 1 - K_p \qquad (2.12)$$

通过计算，易得生态袋的周长和体积为

$$C = 2B + \pi H \qquad (2.13)$$

$$V = BHL + \frac{\pi H^2}{4} L \qquad (2.14)$$

式中　C，V——生态袋初始时的周长和体积。

设生态袋竖向压缩量为 h，根据：

$$H_1 = H - h，V_1 = V$$

易得

$$B_1 = \frac{BH + \pi(2Hh - h^2)/4}{H - h} \qquad (2.15)$$

$$C_1 = \frac{2BH - \pi Hh + \pi H^2 + \pi h^2/2}{H - h} \qquad (2.16)$$

式中　B_1，C_1——生态竖向压缩量 h 时的高度和周长。

假定压缩试验初期中部平面区域为锚固区，长度为 B；生态袋活动区的初始长度为半圆的弧长：

$$L_a = \frac{C - 2B}{2} = \frac{\pi H}{2} \qquad (2.17)$$

由于生态袋原始周长为 $2b$，则受压初期生态袋的拉力为

$$T_a = K(\frac{C - 2b}{2b}) = K(\frac{2B + \pi H - 2b}{2b}) \qquad (2.18)$$

式中　K——袋体材料常数，为生态袋材料拉伸强度与延伸之比。

当生态袋竖向压缩量为 h，生态袋活动区的长度为

$$L_a = \frac{C_1 - 2B}{2} = \frac{\pi H^2 + \pi h^2/2 + 2Bh - \pi Hh}{2(H - h)} \qquad (2.19)$$

生态袋活动区受到的拉力为

$$T_a = K[\frac{\pi H(H-h)(\pi H - 2b) + h^2(0.5\pi^2 H - \pi B) + 2B(\pi H^2 + 2Bh)}{2\pi bH(H-h)}]$$

（2.20）

将式（2.20）代入式（2.9），当侧压力等于竖向压力时，得

$$\sigma_1 = \frac{2T_a}{1 - f(\varepsilon_1)}(\frac{f(\varepsilon_1)}{H} + \frac{f(\varepsilon_1) - 1}{L} - \frac{1}{B+H})$$

（2.21）

当侧压力等于 0 时，得

$$\sigma_1 = 2T_a(\frac{f(\varepsilon_1)}{H} + \frac{f(\varepsilon_1) - 1}{L} - \frac{1}{B+H})$$

（2.22）

在实际的压缩试验过程中，由于生态袋材料和填料界面的摩擦和嵌入作用，这里引入生态袋材料与填料界面系数 λ，反映在压缩过程中生态袋材料与填料之间作用强弱。则式（2.22）可以写成：

$$\sigma_1 = 2T_a\lambda(\frac{f(\varepsilon_1)}{H} + \frac{f(\varepsilon_1) - 1}{L} - \frac{1}{B+H})$$

（2.23）

根据生态袋初始状态，可以通过式（2.23）预测土工编织袋单轴压缩的应力-应变关系。

2.4.2　预测模型与试验数据分析与讨论

在预测时，采用的初始数据如表 2.3 所示，高度 H 为实测数据，厚度 B 为实测周长的计算数据；长度 L 为估计数据，对计算结果相对影响较小。生态袋材料断裂强度为 4.8 kN/m，断裂延伸率为 0.6。

表 2.3　预测应力-应变关系采用数值

填充料	初始生态袋尺寸		
	L（cm）	H（cm）	B（cm）
沙 0.85	36.43	8.91	5.97
沙 0.80	36.43	8.55	6.22
土 0.80	36.43	7.64	6.02
沙 0.75	36.43	7.93	5.75

预测循环荷载作用应力-应变关系时，采用的初始数据如表 2.4 所示，高度 H 为实测数据，厚度 B 为实测周长的计算数据；长度 L 为估计数据，对计算结

果相对影响较小。H、B 也可以根据表 2.3 数据，通过式（2.15）、式（2.16）计算所得，两者差别不大。

表 2.4　预测应力-应变关系采用数值

填充料	计算采用生态袋尺寸		
	L（cm）	H（cm）	B（cm）
沙 0.80	36.43	7.55	8.64
土 0.80	36.43	6.26	11.67

2.4.2.1　填充度为 75% 的沙袋应力与应变的关系

通过计算，在受压之初，生态袋材料延伸率为 0.01；若生态袋在竖向应变 30% 左右拉裂破坏，此时，生态袋材料延伸率在 0.10 左右，远小于材料的断裂延伸率。此时生态袋材料与填料界面系数 λ 为 34.4。由图 2.8 可以分析出，在竖向应变小于 0.4 时，用式（2.23）可以预测土工编织袋单轴压缩的应力-应变关系。

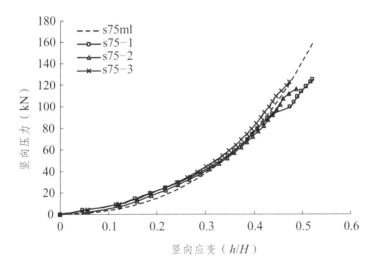

图 2.8　填充度为 75% 时沙袋的应力-应变关系图

2.4.2.2　填充度为 80% 的沙袋应力与应变的关系

图 2.9 为填充度为 80% 的沙袋竖向应力与应变关系图。通过计算，在受压之初，生态袋材料延伸率为 0.09；若生态袋在竖向应变 30% 左右拉裂破坏，此时，生态袋材料延伸率在 0.19 左右，小于材料的断裂延伸率。此时生态袋材料与填料界面系数 λ 为 25。由图 2.9 可以分析出，在竖向应变小于 0.4 时，用式（2.23）

可以预测土工编织袋单轴压缩的应力-应变关系。

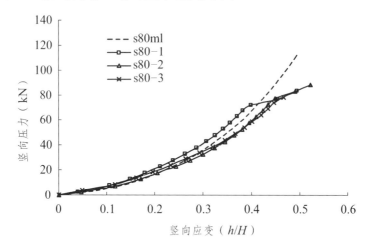

图 2.9　填充度为 80%时沙袋的应力-应变关系

图 2.10 为循环荷载作用下填充度为 80%的沙袋竖向应力与应变关系图（不含初次压缩）。通过计算，在受压时，当竖向压力为 0，生态袋材料已产生延伸率 0.13~0.14；到竖向压力为 35 kN 时，生态袋材料延伸率为 0.16~0.17。由图 2.10 可以看出，通过式（2.23）预测的压力变形线相对较为平直；而实测得到的压力变形曲线随着竖向变形的加大，具有明显的上翘现象，表明生态袋具有较大的结构性。根据表 2.2 数据，预压后生态袋的压缩模量较大，生态袋竖向应比较小；在较小的竖向应变（如在小于 0.02 时），也可以用式（2.23）预测土工编织袋单轴压缩的应力-应变关系，此时生态袋材料与填料界面系数 λ 为 250。

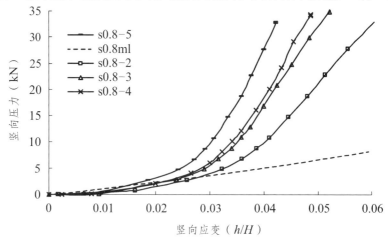

图 2.10　循环荷载作用下填充度为 80%时沙袋的应力-应变关系

2.4.2.3　填充度为 85%的沙袋应力与应变的关系

通过计算，在受压之初，生态袋材料延伸率为 0.11；若生态袋在竖向应变 30%左右拉裂破坏，此时，生态袋材料延伸率在 0.203 左右，小于材料的断裂延伸率。此时生态袋材料与填料界面系数 λ 为 17.5。由图 2.11 可以分析出，在竖向应变小于 0.4 时，用式（2.23）可以预测土工编织袋单轴压缩的应力-应变关系。

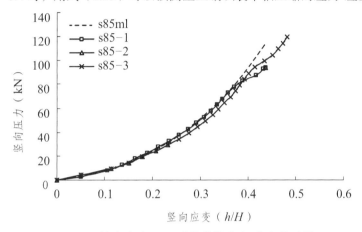

图 2.11　填充度为 85%时沙袋的应力-应变关系图

2.4.2.4　填充度为 80%的生态袋应力与应变的关系

图 2.12 为填充度为 80%的生态袋竖向应力与应变关系图。通过计算，在受压之初，生态袋材料延伸率为 0.001；若生态袋在竖向应变 30%左右拉裂破坏，此时，生态袋材料延伸率在 0.103 左右，远小于材料的断裂延伸率。此时生态袋材料与填料界面系数 λ 为 250。由图 2.12 可以分析出，在竖向应变小于 0.3 时，用式（2.23）可以预测土工编织袋单轴压缩的应力-应变关系。

图 2.13 为循环荷载作用下填充度为 80%的生态袋竖向应力与应变关系图（不含初次压缩）。通过计算，在受压时，当竖向压力为 0，生态袋材料已产生延伸率 0.19~0.20；到竖向压力为 35 kN 时，生态袋材料延伸率为 0.25~0.28。由图 2.13 可以看出，通过式（2.23）预测的压力变形线相对较为平直；而实测得到的压力变形曲线随着竖向变形的加大，具有明显的上翘现象，表明生态袋具有较大的结构性。根据表 2.2 数据，预压后生态袋的压缩模量较大，生态袋竖向应变比较小；在较小的竖向应变（如在小于 0.02 时），也可以用式（2.23）预测土工编织袋单轴压缩的应力-应变关系，此时生态袋材料与填料界面系数 λ 为 31.25。

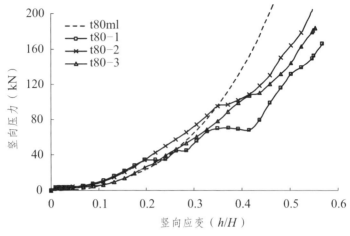

图 2.12　填充度为 80% 时生态袋的应力-应变关系图

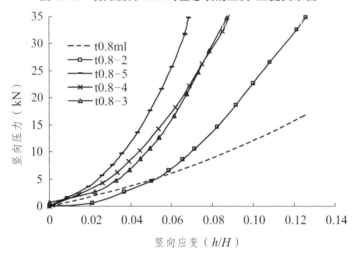

图 2.13　循环荷载作用下填充度为 80% 时生态袋的应力-应变关系图

2.5　生态袋护岸结构沉降变形计算方法

2.5.1　生态袋受到循环荷载时的变形分析

　　生态袋挡土结构几乎不传递力矩的性质使其具有"最大影响高度"这一特点。正常情况下，生态袋结构中袋体仅受到影响高度范围内的竖向压力的影响。生态袋结构作为护岸结构时，会受到水压力，压力的大小随着水位高度的变化而变化。生态袋内的填土在受荷载后又卸载，或者反复多次地加荷卸荷。需要考虑现场的实际加卸荷情况对生态袋变形的影响时，应进行生态袋的循环压缩试验。

与室内侧向条件下土体的压缩回弹曲线类似。生态袋在单轴压缩试验过程中，得到常规的压缩曲线，当加压到某一值 P_C（见图 2.14 中 S-P 曲线上的 b 点）后不再加压，而是逐渐进行卸载，生态袋将发生回弹。（见图 2.14 中虚线 bc）。回弹曲线 bc 并不沿压缩曲线 ab 回升，而是沿 bc 虚线与纵坐标轴交于 c 点。bc 回弹虚线的斜率比 ab 压缩曲线的斜率要平缓得多，这说明生态袋中填土受压缩发生变形，卸荷回弹，但变形不能全部恢复，其中可恢复的部分称为弹性变形，不能恢复的称为塑性变形，生态袋的压缩变形以塑性变形为主。

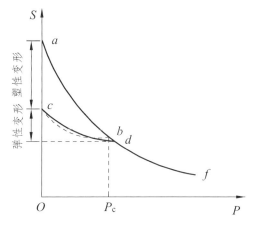

图 2.14 生态袋的再压缩曲线

当竖向压力全部卸除后，再重加荷，生态袋袋体发生再压缩，可测得生态袋在荷载增大时竖向变形的增加量，这一过程的生态袋竖向变形与压力的关系曲线称为再压缩曲线，如图 2.14 中 cdf 段所示。当压力超过前期竖向压力 P_c 后，两者压力的增量与变形的增量类似。

将生态袋重复地加荷、卸荷与再加荷，每一重复循环中都将走新的路线，形成新的滞后环，其中的弹性变形与塑性变形的数值逐渐减小，塑性变形减小得更快。当多次加卸荷后，由于生态袋的作用，生态袋达到弹性压密状态。当竖向压力小于先期压力 P_c 时，相应的再压缩模量基本上等于弹性模量，远大于初次压缩模量，压缩曲线如图 2.5 所示，试验数据如表 2.2 所示。

2.5.2 生态袋护岸结构沉降变形简单计算方法

生态袋护坡结构是柔性的，所以竖向沉降的估计与计算对于其结构稳定分析至关重要。生态袋结构竖向变形与袋中填料性质、生态袋材料性质以及生态袋所受的外部条件有关。由于生态袋结构为柔性结构，在竖向压力作用下，生态袋中填土能产生一定量的侧移，用变形模量 E 代替压缩模量 E_c 计算生态袋竖向变形是合适的。如果生态袋护坡结构不受水的作用，生态袋护坡结构的竖向压力 σ_1 通常由结构的互链高度 L_H 决定，可由式（2.24）计算

$$\sigma_1 = \gamma_i L_H = \frac{B\gamma_i}{\tan\alpha} \tag{2.24}$$

式中　L_H——生态袋结构的互链高度；

　　　α——护坡结构墙面倾角；

　　　γ_i——压实后生态袋填料的重度。

单位高度 dx 结构的竖向变形 dS 可由式（2.25）计算：

$$dS = \frac{\sigma_1}{E}dx - \frac{B\gamma_i}{E\tan\alpha}dx \tag{2.25}$$

式中　E——生态袋变形模量。

若护坡高度为 H_a，则护坡结构的竖向变形为

$$S_a = \frac{\sigma_1}{E}dx = \frac{B\gamma_i H_a}{E\tan\alpha} \tag{2.26}$$

对于生态袋护岸结构，袋体上所受的竖向压力 σ_1 通常由该袋体上的水压力决定，单位高度 dx 结构的竖向变形 dS 可由式（2.27）计算：

$$dS = \frac{\sigma_1}{E}dx = \frac{\gamma_w x}{E}dx \tag{2.27}$$

式中　γ_w——水的容重；

　　　x——水下生态袋距水面的距离。

若水下生态袋护岸结构高度为 H_w，则护岸结构的水下部分竖向变形为

$$S_w = \frac{\sigma_1}{E}dx = \frac{\gamma_w H_w^2}{2E} \tag{2.28}$$

通常情况下，生态护岸结构水上高度为 H_a、水下埋深为 H_w 的生态袋结构，总的变形量 S 可以式（2.29）计算：

$$S = S_a + S_w = \frac{B\gamma_i H_a}{E\tan a} + \frac{\gamma_w H_w^2}{2E} \tag{2.29}$$

也可以由式（2.30）表示：

$$S = \frac{B\gamma_i L_a \cos\alpha + 0.5\gamma_w L_w^2 \sin^2\alpha}{E} \qquad （2.30）$$

式中　L_a，L_w——生态袋水上和水下部分的坡长。

　　由式（2.29）可知，如果生态袋结构坡面较长，或者生态袋结构承受较深的竖向水压力，生态袋护坡结构易发生较大的竖向沉降；而对于很多重要的工程结构发生较大的竖向沉降是不容许的。为了减少生态袋结构的竖向沉降，有条件的工地可以对生态袋结构进行预压，预压的压力最好不小于生态袋实际承受的最大压力。对于水位上下波动的生态袋护岸结构，最好进行多次预压，以减少沉降。预压后生态袋结构总竖向变形可以表示为

$$S = \frac{B\gamma_i L_a \cos\alpha + 0.5\gamma_w L_w^2 \sin^2\alpha}{E_s} \qquad （2.31）$$

式中　E_s——生态袋结构再压缩模量。

2.6　本章结论

　　（1）由于生态袋材料与填料之间的相互作用，单轴受压时，生态袋有较好的抑制竖向变形的能力；生态袋材料在横截面受到最大拉应力；生态袋产生伸展方向与生态袋纵截面方向一致的张裂缝。

　　（2）在压缩试验过程中，在竖向压力直接作用的平面区域形成锚固区，在两侧曲面区域形成活动区。生态袋材料活动区承受的拉力将由锚固区生态袋材料的拉结力平衡。水平放置的生态袋在压缩过程中，锚固区的拉结力随活动区的生态袋拉力增大而增大，两者始终保持相等，直到生态袋拉裂。

　　（3）在生态袋袋体当前竖向压力大于前期生态袋受到的最大压力时，可以通过生态袋材料活动区的伸长量来预测生态袋所受压力与竖向变形的关系。

　　（4）通过生态袋再压缩试验说明，生态袋产生的塑性变形大于弹性变形，所以生态袋再压缩模量远大于压缩模量。

　　（5）生态袋结构沉降计算中，用变形模量代替压缩模量是可行的；对生态袋进行施压能有效地减少结构的后期沉降，此时用再压缩模量代替压缩模量计算沉降更为切合实际。

3   生态袋结构抗拉力试验研究

3.1   生态袋结构抗拉力试验目的及意义

袋体之间的抗剪强度不同于生态袋材料之间的抗剪力，主要由上下袋体之间的界面摩擦力、生态袋与填料之间的摩擦力、联结扣的抗剪力等几部分构成。不同连接条件下，生态袋间的抗剪强度是护坡结构的抗滑稳定分析的重要强度系数。抗剪强度是护坡高度、生态袋类型、充填方式和填土性质等的函数。生态袋之间的抗剪强度越大，面层整体性越好，抵抗结构局部破坏的能力越强。生态袋之间抗剪强度随竖向压力的增加而增大，在低竖向压力和较高竖向压力的情况，生态袋间可能有不同的摩擦角 λ_u，如图 3.1 所示。要深入分析生态袋结构的抗剪强度性能，必须用装满沙子的生态袋做成一堵墙，对墙体中的沙袋进行抗拉力试验研究。

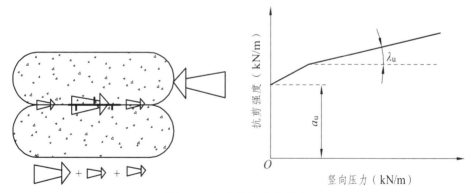

图 3.1   生态袋间抗剪强度

本次生态袋结构抗拉力试验目的是：在生态袋结构不发生整体失稳的前提下，不同竖向压力时，通过在有、无联结扣时生态袋结构的抗拉力实验，测量单个生态袋在结构中的最大抗拉力，分析生态袋接触面间的强度参数以及生态袋结构整体变形控制参数，定量分析联结扣在生态袋结构中的作用。

3.2 试验概况

本次试验采用材料为涤纶纺黏针刺土工布；规格为 40 cm×80 cm（宽×长）；塑料联结扣长 30 cm，最大处宽 10 cm，上下各有 8 个尖头，尖头上有倒刺，如图 3.2 所示。实验采用的装填料为万州本地河砂，按照式（2.1）的方法计算填充度。通过生态袋质量来控制装填密实度，填充压密后截面为 15 cm×40 cm（短轴×长轴）的椭圆形，袋体质量为 43.4 kg。

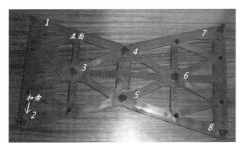

（a）联结扣　　　　　　　　　　（b）生态袋材料

图 3.2　联结扣及生态袋材料示意图

利用压实成型的生态袋错位码放成一堵竖直墙，墙最高 2 m（13 层生态袋）、长 4 m，受拉的生态袋位于第 5 层的中间，其上最大受到 8 层生态袋的压力；用混凝土柱挡住生态袋结构墙体，不让其发生向前的整体破坏。用 2 mm 的钢筋将被拉袋体固定，并联结在带有钢筋应力计的拉杆的一端，拉杆另一端接在手拉葫芦的拉链上，用钢筋应力计测试袋体所受的拉拔力。将土压力盒放在被测试袋体的上方（约为袋长的 1/4 处）、上下两层袋体接触处的正中间，用来测试袋体所受的竖向压力。在施加拉拔力的一侧墙面上，贴上测量用的反射贴片，用全站仪测量受拉前后的坐标差，分析墙体的变形。实验仪器布置如图 3.3 所示。

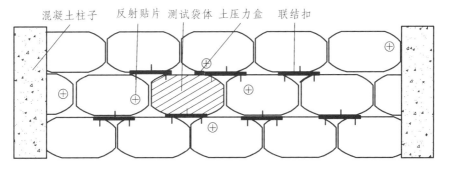

混凝土柱子　反射贴片　测试袋体　土压力盒　联结扣

图 3.3　实验仪器布置示意图

实验用改变被测试生态袋上袋体的层数来改变竖向压力。在模拟结构存在联结扣的工况时，由于联结扣会对袋体产生一定程度的破坏，实际只在被测袋体的上下两层加入了联结扣。在模拟生态袋结构接触面湿润的工况时，将生态袋放入水中浸泡 30min，再迅速码上，以保证生态袋各接触面处于湿润状态，实验时结构中有联结扣。

实验时，首先读取竖向压力的数值以及实验墙体上贴片的初始坐标；然后，缓慢拉动拉链，观察结构抗拉力数值的变化；当数值开始持续变小时，停止实验，记录实验过程中的最大读数，为结构的最大抗拉力，然后读取各贴片的坐标。

3.3 生态袋抗拉力试验数据分析

3.3.1 生态袋结构的竖向压力

竖向压力随层高变化示意图如图 3.4。由图 3.4 可以分析出，在试验结构中，是否设置联结扣，对竖向压力的测试值并无明显的影响；砂袋结构层高大于0.6 m 时，竖向压力随层高呈线性变化。

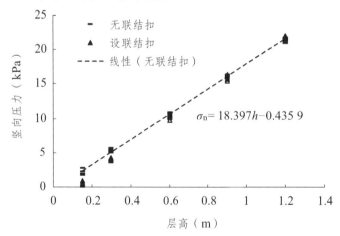

图 3.4　生态袋结构竖向压力与层高示意图

3.3.2 生态袋结构的抗拉力

当被测试的生态袋受到向外的拉力时，必然受到其上下及两端生态袋的摩擦约束力。砂袋结构抗拉力与竖向压力的变化规律如图 3.5。抗拉力随着竖向压力的增加而加大；即使测试袋体上无上覆袋体，且结构中也不设置连接板，在其底部和两侧袋体的作用下，最低也能提供 0.30 kN 的抗拉力。当竖向压力为 2.4 kN 时，无联结扣的生态袋结构可以提供 2.97 kN 的抗拉力，而有联结扣的生态袋结构可以提供 3.7 kN 的抗拉力。

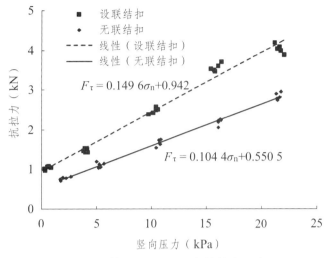

图 3.5 砂袋结构竖向压力与抗拉力示意图

接触面湿润时，结构抗拉力与竖向压力的变化规律如图 3.6 所示。在湿润状态下，即使测试袋体上无上覆袋体，在其底部和两侧袋体的作用下，最低也能提供 0.9 kN 的抗拉力；当竖向压力为 1.5 kN，可以提供 3.2 kN 的抗拉力。对比图 3.5 和图 3.6，在结构中设置联结扣能小幅增加生态袋接触面之间的摩擦角，大幅度增加生态袋结合的抗拔力；在湿润条件下，生态袋结构的抗拔力不会降低。

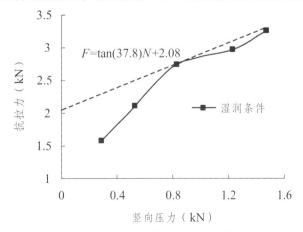

图 3.6 湿润条件下结构竖向压力与抗拉力示意图

3.3.3　试验墙受到拉力时的变形分析

实验过程中，在墙前帖上 16 个测量用反射贴片，用全站仪测量抗拉力实验前后 16 个点位的坐标，可以分析出生态袋实验墙的变形性状。

无联结扣时试验墙沿受拉方向变形等值线图如图 3.7 所示。当试验墙中无联结扣时，受拉袋体被拔出结构超过 6 cm，拉拔力即开始下降，周边袋体仅向墙前凸出了 2~3 cm；当试验墙中设置联结扣时，受拉袋体被拉出墙面超过 10 cm，周边袋体向墙前凸出 4~6 cm。

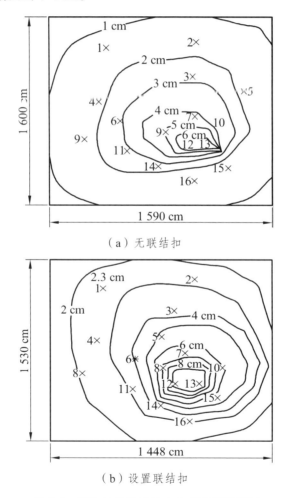

（a）无联结扣

（b）设置联结扣

图 3.7　实验结构沿受拉方向变形等值线图

从图 3.8 可以看出，无联结扣时，侧向位移最大值为 3.3 cm，竖向位移最大值为 2.1 cm，均在 10 号测点测得；其他各点沿竖直方向以及侧向位移均小于 2 cm。当测试结构中设置有联结扣时，侧向最大位移达到 5.2 cm，由 12 号测点测得；而竖向方向最大位移为 2.7 cm，由 16 号测点测得。

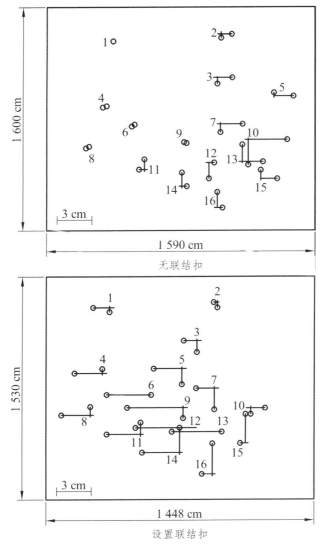

无联结扣

设置联结扣

图 3.8 实验结构沿受拉法平面方向各测点位移矢量图

由图图 3.7、3.8 可以分析出，不设置联结扣时，在向外拖拽力综合作用下，局部几个生态袋明显突出墙面时，结构可能因为这几个袋体滑出墙面而失效。对于设置联结扣的结构，由于联结扣的锁固作用，结构的整体性明显增强，生态袋结构具体更大的抗滑出和抗倾覆的能力。

3.4 联结扣对结构加固作用数值模拟

3.4.1 生态袋结构中联结扣应力分析

生态袋联结扣是聚丙烯材料挤压成型的高强度构件，主要由主板、扣齿组成。按实验测试材料和规格建立生态袋结构单元，如图3.9所示。该模型单元由3层9个生态袋组成，居中的生态袋为被测试生态袋；通过改变边界条件的方式，模拟生态袋结构中联结扣在不同竖向压力、不同拉拔力时的受力性状。在建立模型单元时，用圆锥代替联结扣上的扣齿，没有考虑扣齿上的倒刺；将生态袋与填料考虑成复合体；采用理想弹塑性Mohr-coulomb模型模拟生态袋和联结扣；考虑生态袋之间以及生态袋与联结扣之间的接触；采用理想弹塑性模型，模拟联结扣与生态袋之间的接触。生态袋结构模型底面（y方向）位移约束，首先进行自重应力场（y方向）下稳定性求解；然后将模型两端受拉方向（z方向）位移约束，对测试生态袋施加法向（z方向）拉拔力。

根据图3.4测试数据，结构中是否设置联结扣，对结构整体竖向压力的测试值并无明显的影响；联结扣主板厚度仅0.15 cm；用"零厚度结构层"模拟生态袋结构中联结扣的刚度；联结扣的加固作用通过图3.5有关数值换算，用表观凝聚力、摩擦角体现。联结扣主板上的抗拉力，用附近黏聚力的方法叠加到相应的接触面中；考虑到生态袋之间的接触，建立数值模型，如图3.9所示。

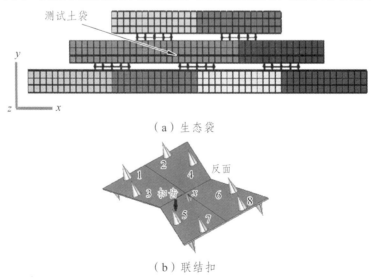

（a）生态袋

（b）联结扣

图3.9　生态袋结构模型单元及联结扣模型

3.4.1.1　联结扣扣齿沿受拉方向应力分析

联结扣正反两面扣齿各点位置如图 3.2（a）和图 3.9（b）所示。不同法向拉拔力作用下的联结扣各扣齿点沿受拉方向（z 方向）应力如图 3.10 所示。可以分析，联结扣各扣齿所受应力不同，位于中部的扣齿受力相对较大；联结扣上表面扣齿所受应力为下表面扣齿所受应力的 2~3 倍。

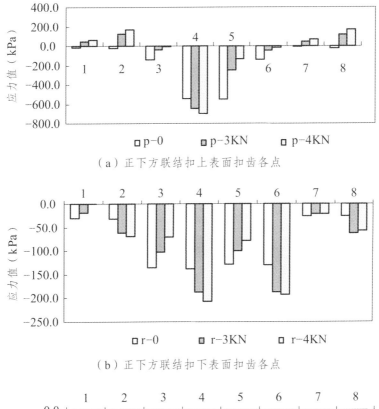

（a）正下方联结扣上表面扣齿各点

（b）正下方联结扣下表面扣齿各点

（c）右上方联结扣上表面扣齿各点

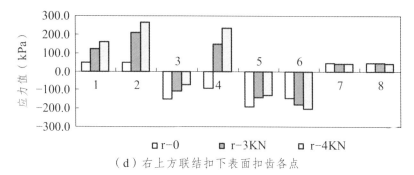

（d）右上方联结扣下表面扣齿各点

图 3.10　不同法向拉拔力时联结扣各扣齿法向应力图

3.4.1.2　联结扣主板应力分析

联结扣主板各点沿受拉所受法向应力如图 3.11 所示。可以分析出，两个位置的联结扣，主板上受到受拉方向的最大拉应力大致相同，均集中在板面中部区域。

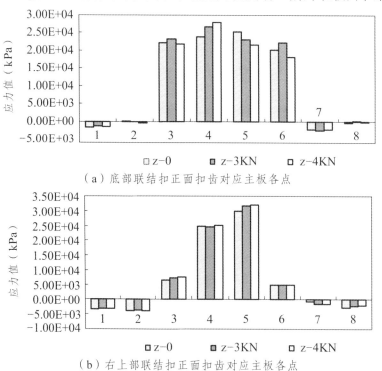

（a）底部联结扣正面扣齿对应主板各点

（b）右上部联结扣正面扣齿对应主板各点

图 3.11　联结扣主板各点所受法向（z 方向）应力图

在不同的法向拉力下，联结扣中主板侧向应力如图 3.12 所示。可见，即便仅在自重应力场作用下，在联结扣中部也产生极大的侧向应力；当受到法向拉拔力时，还会有一定量的增加。

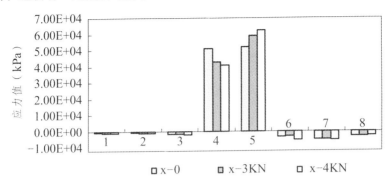

（a）底部联结扣正面扣齿对应主板各点

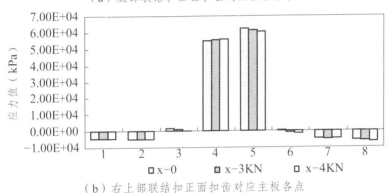

（b）右上部联结扣正面扣齿对应主板各点

图 3.12　联结扣主板侧向（x 方向）应力图

3.4.1.3　测试生态袋侧应力分析

在不同的法向拉力下，相邻生态袋对测试生态袋侧应力如图 3.13 所示。在

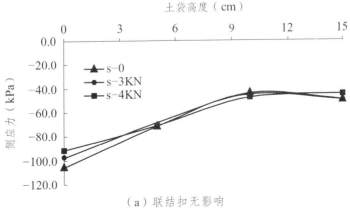

（a）联结扣无影响

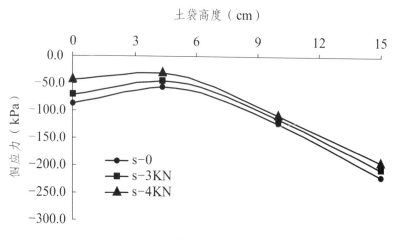

（b）联结扣设置区

图 3.13　测试生态袋侧（ x 方向）应力图

联结扣影响外区域，侧应力在生态袋底部最大，随高度增加有所降低，为竖向应力的 0.25~0.5 倍；在设置联结扣的区域内，在联结扣所在位置生态袋结构具有较大的侧应力。随着拉拔力增大，不管在哪个区域哪个位置，测试生态袋侧应力都略有减小。

3.4.1.4　测试生态袋竖向应力分析

在不同的法向拉力下，测试生态袋界面上竖向压力如图 3.14 所示。在联结扣影响外区域，竖向应力各点基本上等于理论计算值。在设置联结扣的区域内，生态袋中间的竖向应力最小，比理论计算值稍大；向两端竖向应力逐渐增大，到生态袋的两个端部竖向应力最大。

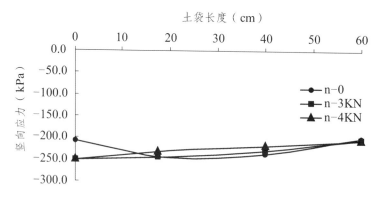

（a）联结扣无影响

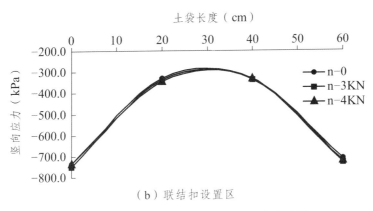

（b）联结扣设置区

图 3.14　测试生态袋上界面（z 方向）应力图

3.4.2　联结扣对结构墙面变形的影响分析

由于试验条件的限制，并没有测试实验过程中随侧向压力增大，生态袋墙体的变形规律。根据实测数值，用 GDEM 软件对这一过程进行了数值模拟，将生态袋与填料考虑成复合体；采用理想弹塑性 Mohr-coulomb 模型模拟生态袋，采用的材料参数（单位均为国际单位）：密度 1 800，弹性模量 3×10^{-6}，泊松比 0.3，黏聚力 1×10^{-4}，材料的抗拉强度 1×10^{-4}，内摩擦角 0；生态袋之间设置接触单元，联结扣的作用，用附近黏聚力的方法叠加到相应的接触面中，结构侧向位移如图 3.15 所示，图（a）为无联结扣时测试生态袋受到 3 kN 的侧向拉力，图（b）为设置联结扣时测试生态袋受到 4 kN 的侧向拉力。模拟的结果，

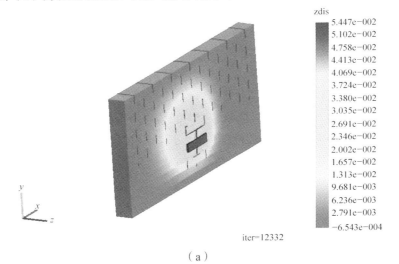

iter=12332

（a）

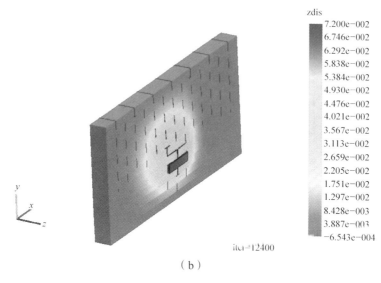

（b）

图 3.15　测试生态袋结构数值模型

无联结扣时，结构最大侧移约 5.45 cm；设置联结扣后，结构最大侧移约 7.2 cm；影响范围基本与图 3.7 一致。

　　根据本数值模型，模拟不同拉拔力下生态袋结构的最大位移，如图 3.16 所示；在侧向拉力小于 2 kN 时，设置联结扣的生态袋结构侧向位移比不设联结扣的生态袋结构侧向位移小不到 0.1 cm；在侧向拉力大于 3 kN 时，两者之间侧向位移的差值不到 1 cm；当侧向拉拔力大于 3kN 时，不设联结扣的生态袋结构侧向位移迅速增大，直到破坏。故对于通常的生态袋护坡结构，联结扣并不能有效地限制墙面变形。

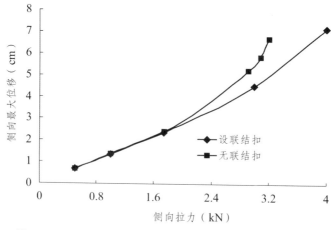

图 3.16　不同拉拔力作用下生态袋结构的最大侧向位移图

3.5　本章结论

（1）生态袋结构中，是否设置联结扣，对竖向压力的测试值并无明显的影响。生态袋结构抗拉力随着竖向压力的增加而加大。联结扣扣齿能轻易地刺入生态袋，将相互接触的三个生态袋连接在一起，增加结构的抗拉力，增大结构中生态袋层面的表观黏聚力和摩擦角。湿润条件下，生态袋结构的抗拉力不会降低。

（2）生态袋结构中无联结扣时，在向外拖拽力作用下，局部几个生态袋明显突出墙面时，结构可能因为这几个袋体滑出墙面而失效。对于设置联结扣的生态袋结构，由于联结扣的锁固作用，结构的整体性明显增强，生态袋结构具有更大的抗滑出和抗倾覆的能力。联结扣并不能有效地限制生态袋结构墙面变形。

（3）生态袋结构中，各联结扣主板受最大拉应力大致相同，集中在主板面中部区域；各扣齿所受应力不同，位于中部的扣齿受力相对较大；联结扣上表面扣齿所受应力为下表面扣齿所受应力的2~3倍。

4　生态袋结构渗透性试验研究

4.1　生态袋结构渗透性试验理论背景

渗透性会影响生态袋护岸结构在波浪作用下的稳定性；渗透性越大，渗透到结构内的水就会越快地排出来，减少作用在结构和地基土上的水压力，结构就会越稳定。结构的渗透性还会影响水波的传递，影响水与结构的相互作用。当生态袋结构作为防洪设施的时候，结构渗透性的大小影响泛滥程度的大小。

通过整个生态袋结构层的总流量 Q 应为通过各层生态袋体 k_b、上下两层生态袋接触面之间 k_c、生态袋与生态袋的间隙之间渗流量 k_p 之和。本次试验主要测试了填充物为砂，填充度为 0.75、0.85；填充物为土，填充度为 0.80；3 种生态袋竖直堆叠时结构的渗透性。分析不同填充度下、填充物为沙或者土时的渗透性，为生态袋护岸结构设计提供可用的参数。

生态袋结构渗透为不均匀流，因为水流会在生态袋的填料中、上下两层生态袋接触面之间、生态袋与生态袋的间隙之间渗流。为了研究问题简单，假定生态袋结构为层流，符合达西渗透理论，示意图如 4.1 所示。

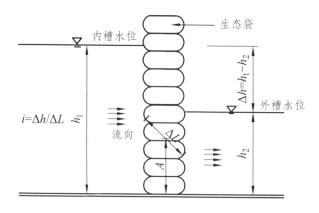

图 4.1　生态袋结构渗流示意图

通过整个生态袋结构层的总流量 Q 应为

$$Q = \sum_{i=1}^{n}(q_{bi} + q_{ci} + q_{pi}) \qquad (4.1)$$

根据达西定律有

$$k = \frac{Q}{IA} \qquad (4.2)$$

式中　Q——通过断面总渗流量；

　　　k——生态袋结构平均渗透系数；

　　　I——水力梯度；

　　　A——过水断面。

4.2　试验概况

本试验主要装置是内径为 2 m×2 m×2 m（长×宽×高）的水槽，在水槽的底部有高 0.2 m、宽 0.2 m 的地梁，将水槽分割为 0.3 m×2 m×2 m（外槽）、1.5 m×2 m×2 m（内槽）两个部分；在内槽一侧开了直径为 5 cm 的 4 个小泻水孔，孔下壁距地梁顶面分别为 0.5 m、0.8 m、1.1 m、1.3 m。在外槽的前端，开设直径为 11 cm 的圆形排水孔，孔上壁与地梁顶面平齐。试验用生态袋材料为涤纶土工布；规格为 20 cm×40 cm（宽×长）；选用装填材料河沙：密度 2.7 g/cm³，内摩擦角 38°；装填材料填土：密度为 1.7 g/cm³，比重为 2.72，黏聚力 20.7 kPa，内摩擦角 18°；生态袋装填河沙，填充度 85%、75%；装填土时，填充度 80%。用丝线将开口一端缝牢，试验装置如图 4.2 所示。

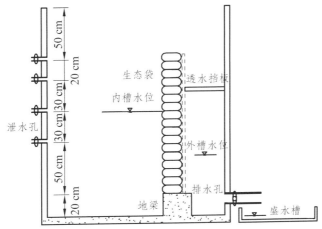

图 4.2　生态袋结构渗透试验装置示意图

　　将填充好的生态袋码放在地梁上，用砖头将截面压成扁平状，并逐层竖直码放到距地梁顶高 1.5 m 以上。用黏土与凡士林搅拌均匀，将其均匀地抹在生态袋与水槽接触处靠近内槽的一侧，防止水从生态袋与水槽接触的两个侧壁面处渗出。实验前，将出水口阀门关闭；将侧壁泄水孔堵上，不让水渗出；向水槽注水，使水槽水位超过实验所需水位，让生态袋充分饱和。在内槽和外槽中放入塑料软管，将内槽和外槽的水位高度引到出水口的一侧；便于在测量流量的时候，同时能方便地读出内槽和外槽的水位高度，如图 4.3 所示。

（a）　　　　　　　　　　　　　　（b）

图 4.3　试验水槽

　　实验过程中一直不关闭注水管。实验前，打开距地梁 1.3 m 处的泄水孔，使水位逐渐下降，并稳定到 1.3 m 处泄水孔下壁的位置；此时注水管流量约等于泄水孔流量。然后缓慢打开排水孔阀门，逐渐增大排水孔流量，直到泄水孔流量接近 0；内槽水位保持在距地梁顶面 1.3 m 处，当外槽水位也稳定后，开始记录内外槽的水位，并测量排水孔流量。通过内槽、外槽的水位差以及出水排水孔的流量，就可以计算出内槽水位 1.3 m 生态袋结构的平均渗透系数。同理依次打开距地梁顶部 1.1 m、0.8 m、0.5 m 的泄水孔，分别进行内槽水位等于 1.1 m、0.8 m、0.5 m 的渗透试验，完成一次实验。

　　每组生态袋试验 2 次，完成后将该组生态袋重新码放，重测 2 次。在实验过程中，由于每组生态袋数量仅 110 个左右（由于是错位码放，每层需要半个生态袋），仅能码放到距地梁顶端 1.1 m 左右的位置，所以实际详细测量的是内槽水位距地梁顶面分别为 0.5 m、0.8 m、1.1 m 时生态袋结构的渗透系数，以 0.5 m、0.8 m 数据最完善。

4.3　试验数据的分析与整理

由公式（4.2）计算，生态袋渗透试验结果如表 4.1 所示。由于在堆叠过程中，对生态袋压紧压密，所以本次渗透实验测值肯定小于工程现场实际数值；尽管如此，本次试验测得的生态袋结构的渗透系数也在粗砂和中砂之间。

表 4.1　渗透性试验测试结果

生态袋类型		内槽水位（m）	外槽水位（m）	渗流面积（m²）	水力梯度	渗透系数（cm/s）
砂 0.85	初次堆叠	1.300	1.282	2.582	0.120	0.291
		1.130	1.109	2.179	0.140	0.296
		0.828	0.798	1.57	0.199	0.288
		0.546	0.498	0.952	0.316	0.299
	二次堆叠	1.132	1.123	2.191	0.060	0.685
		0.823	0.81	1.587	0.087	0.655
		0.551	0.529	0.978	0.146	0.629
砂 0.75	初次堆叠	0.838	0.802	1.564	0.238	0.215
		0.559	0.503	0.944	0.367	0.231
	二次堆叠	0.839	0.829	1.59	0.067	0.727
		0.555	0.536	0.981	0.126	0.621
土 0.80	初次堆叠	0.841	0.815	1.574	0.173	0.283
		0.563	0.509	0.946	0.354	0.230
	二次堆叠	0.843	0.815	1.572	0.186	0.263
		0.556	0.51	0.954	0.303	0.266

由试验测值可以分析出，对于填充物为砂的生态袋结构，二次堆叠时的渗透系数要比初次堆叠时的渗透系数大很多，说明砂袋具有很好的结构性能，施工前对生态袋进行预压能改善结构的渗透性。对于填充物为黏土的生态袋结构，二次堆叠对结构渗透性的影响不大。不管填充物是砂还是黏土，初次堆叠时渗

透系数差别不大，充分说明生态袋结构透水的主要原因是生态袋之间存在相对尺寸较大的孔隙。

4.4 透水孔隙生态袋材料与水界面摩擦系数的测定

4.4.1 基本假定

采用普通堆叠法，生态袋结构渗透模型的建立基于如下假定：

（1）不考虑生态袋填充物的渗透性，仅考虑生态袋之间孔隙的渗透性；根据 Juan Recio、Hocine Oumeraci 等学者研究认为，即便是土工编织带中装填上渗透性较大的沙子，从土工编织袋中的渗透流量也只占总渗透流量的 5% 左右。

（2）将生态袋之间的透水孔隙近似考虑成两段弧线（圆弧的部分）一段构成的三边形（图 4.4），这样可以转化为一个等效的水力直径，类似于水流通过三边形的管流过生态袋结构。

（3）径流的雷诺数与孔隙直径有关；

（4）结构中生态袋之间的孔隙被认为是一个常数，与在结构中的位置无关；

（5）生态袋结构渗流管道中，生态袋材料与水之间的流阻也是一个常数；

（6）不考虑内槽槽底的水流速度，流入孔的速度仅与内槽水位高程及小孔的位置有关，垂线上水流速度的分布为二次函数关系，同一高程水槽中心线与两侧流速不变；

（7）仅仅考虑孔隙中水流的摩擦损失，流入和流出时的损失被忽略。

4.4.2 理论依据及分析过程

根据内、外槽水流的垂线分布接近于二次函数曲线的特征，垂线上流速与水深的无量纲函数关系可以表示为

$$\frac{u}{V} = a\left(\frac{y}{H}\right)^2 + b\left(\frac{y}{H}\right) + c \tag{4.3}$$

式中　u，V——高程点的流速、平均流速；

　　　y——测点至槽底的距离；

　　　H——水深；

　　　a，b，c——与 Froude 数有关的常数。

生态袋结构渗透模型被转化为三个分区的二维模型，I 分区：水从内槽流入孔隙区域；II 分区：水在生态袋孔隙中流动的中间区域；III 分区：水从生态袋孔隙中流入外槽的区域，如图 4.4 所示。

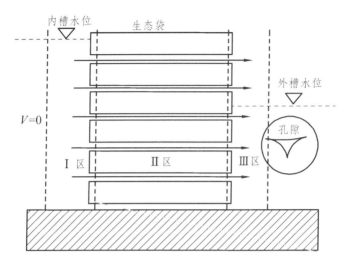

图 4.4 概念模型示意图

这三个区域可以被式（4.3）统一描述：

$$\frac{v_0^2}{2g} + \frac{p_0}{\rho_w g} + z_0 = \frac{v_1^2}{2g} + \frac{p_1}{\rho_w g} + z_1 - h_r = \frac{v_2^2}{2g} + \frac{p_2}{\rho_w g} + z_2 = \text{const} \quad （4.4）$$

$$h_r = \lambda \frac{L}{D_{eq}} \frac{v^2}{2g} \quad （4.5）$$

对于生态袋结构的三角形孔隙：

$$D_{eq} = \frac{4A}{P} \quad （4.6）$$

式中 v_i，p_i，z_i——测点的流速、压力和位置；

   h_r——孔隙摩擦水头损失；

   g——重力加速度；

   ρ_w——水的密度；

   L，D_{eq}，v——孔隙的长度、当量直径、孔隙中水的流速；

   λ——材料的摩擦系数；

   A，P——生态袋间孔隙的截面积、截面周长。

生态袋结构孔隙渗流中雷诺数定义可以由式（4.7）定义：

$$Re = \frac{\nu D_{eq}}{\mu} \tag{4.7}$$

式中　　Re——生态袋结构孔隙渗流中雷诺数；

　　　　μ——水的动力黏性系数。

摩擦系数 λ 是雷诺数、当量直径、生态袋材料粗糙度 k_{fric} 的函数。根据生态袋结构孔隙渗流的实际流态，摩擦系数可以由以下 4 种情况表示：

（1）孔隙渗流为层流，需要 Poiseuille's 方程求解。当 $Re<2\,320$ 时，有·

$$\lambda = \frac{64}{Re} \tag{4.8}$$

对于紊流，根据流态，可以三段求解：

（2）趋于平滑的流态，当 $Re(\frac{k_{fric}}{D_{eq}})<65$ 时，有

$$\lambda \approx \frac{0.309}{(\lg Re - 0.845)^2} \tag{4.9}$$

（3）过渡型流态，$65< Re(\frac{k_{fric}}{D_{eq}})<1\,300$，有

$$\frac{1}{\sqrt{\lambda}} = 2.0\lg(\frac{2.51}{Re\sqrt{\lambda}} + \frac{k_{fric}}{3.71D_{eq}}) \tag{4.10}$$

（4）完全的紊流状态，$1\,300< Re(\frac{k_{fric}}{D_{eq}})$，有

$$\lambda \approx \left[\frac{1}{2\lg\left(\frac{3.71}{k_{fric}/D_{eq}}\right)}\right]^2 \tag{4.11}$$

4.4.3　生态袋结构摩擦系数计算流程

生态袋结构摩擦系数求解过程分析如下，如图 4.5 所示：

（1）统计生态袋结构孔隙的数目，测量孔隙的尺寸，计算它在结构中的位置。

（2）由于内槽水位和外槽水位存在水头差，需要计算各孔隙入孔处、出孔处的水头；如果该孔隙在外槽水位以上，水头值按 0 处理。

（3）根据公式（4.2）计算生态袋结构中总流量，并计算孔隙的平均流速。

（4）根据公式（4.3），通过调整系数 a、b、c 计算各孔隙的位置，计算各层单个孔隙入孔、出孔处的流速。

（5）通过入孔处的流速，利用式（4.8）、式（4.9）、式（4.10）、式（4.11）确定该孔隙的流态是紊流还是层流，就可以计算材料与水流的摩擦系数 λ。根据试验测试结果水头差，对比利用式（4.4）、式（4.5）计算的水头损失，分析模型的一些特点。

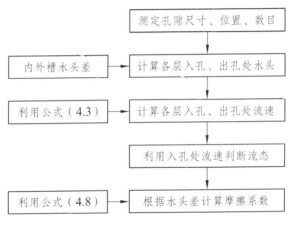

图 4.5　透水孔隙界面摩擦系数计算过程

4.4.4　生态袋结构试验数据分析与结论

4.4.4.1　渗透试验过程数据处理方法

（1）本次试验过程中，虽然每层存在 6 个整袋和 1 个半袋的情况，但由于侧壁不能有水渗出，实际上每层生态的孔隙数为 6×2 个。孔隙当量直径采用 kh（k 为 0~0.5 比例系数，h 为单个生态袋的高度），每层生态袋的两排孔隙高程分别为 $(n-0.5)h \pm (0.5-0.5k)h$（n 为内槽水位影响范围内生态袋的层数，取整数）。比如：对于填充度为 0.80、0.85 的生态袋而言，生态袋高度约为 8.8 cm；当内槽水位为 0.5 m、0.8 m、1.1 m 时，分别涉及 6、10、13 层生态袋，分别涉及 11 层、19 层、25 层小孔。

（2）内外槽水位如表 4.1 中数据所示。用内槽水位减去小孔位置的高程即为入孔处的水头，用外槽水位减去小孔位置的高程即为出孔处的水头。

（3）平均流速的计算：

$$\overline{v} = \frac{q}{A} = \frac{Q}{6nA} \approx \frac{2Q}{3n\pi D_{\text{eq}}^2}$$

式中　　q——单孔流量；

　　　　A——单孔面积；

　　　　Q——总流量。

当总流量一定时，小孔当量直径越大，流速越小。

（4）根据公式（4.3）计算各高程各个小孔隙出孔处的流速。基本的原则是

$$n\overline{v} = \sum_{i=1}^{n} v_i$$

式中　　v_i——各出孔处的流速。

（5）初次将出孔处的 v_i，通过计算，确定孔隙的流态是层流，通过式（4.8）可以计算出第一个生态袋材料与水流的摩擦系数 λ。根据实验数据过程中水头的损失量，按照式（4.4）计算小孔入孔处的流速；然后开始将入孔处的流速，通过计算，确定孔隙的流态是层流，根据式（4.8）可以计算出第二个生态袋材料与水流的摩擦系数 λ；一直循环，直到模拟数值等于实验数值为止。

4.4.4.2　试验数据分析

通过分析，生态袋材料与水流的摩擦系数 λ 并不是一个常量，当单个孔隙的流量一定时，摩擦系数 λ 随孔隙当量直径的增大而增大，随流速的增大而减小。由于本试验单个孔隙的流量一定，且流速较小，所以摩擦系数 λ 也比较大，数值由底层小孔的上千到顶部小孔的几十。比例系数 k 为 0.14 时，内槽水位为 50 cm，两次堆叠时生态袋材料与水流的摩擦系数 λ 如图 4.6 所示。由图 4.6 可以看出，两次堆叠摩擦系数 λ 变化规律类似；第二次堆叠时计算值略大于初次堆叠时的计算值。k 为相近数值时也有类似的规律。比例系数 k 为 0.14 时，内槽水位分别为 50 cm、80 cm、110 cm 时，第二次堆叠生态袋材料与水流的摩擦系数 λ 如图 4.7 所示。生态袋材料与水流的摩擦系数 λ 在底部小孔处由于流速小，所以在内槽水位为 1.10 cm 时，底部摩擦系数 λ 达到 1 532；然后随高度增加急剧减小，基本上到 3~4 层生态袋后都在 100 以内了。

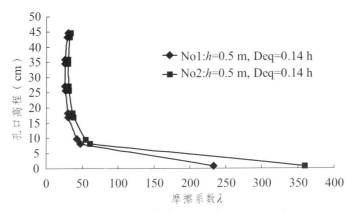

图 4.6　内槽水位 50 cm 生态袋两次堆叠时试验所得的摩擦系数 λ

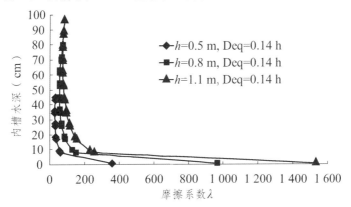

图 4.7　不同内槽水位生态袋第二次堆叠时试验所得的摩擦系数 λ

比例系数 k 为 0.14 时，内槽水位为 50 cm，两次堆叠时各生态袋结构各高程入孔处的流速如图 4.8 所示。由图 4.8 可以看出，二次堆叠后，入孔处的流速有所降低。

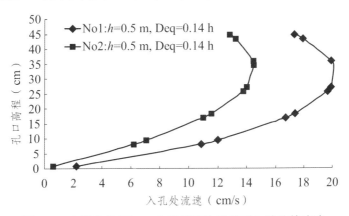

图 4.8　内槽水位 50 cm 生态袋两次堆叠时入孔处的流速

4.5   本章结论

（1）填充物为沙，填充度为 85%、75%；填充物为土，填充度为 80%三组生态袋渗透实验表明，在初次堆叠时渗透系数相差并不大，说明生态袋结构的渗透性主要是由于生态袋之间孔隙透水的结果；而生态袋本身不管是砂还是土，透水量所占的比例都很小。

（2）二次堆叠时的渗透系数要比初次堆叠时的渗透系数大很多，说明砂袋具有很好的结构性能，施工前对生态袋进行预压能改善结构的渗透性。

（3）通过分析，生态袋材料与水流的摩擦系数 λ 并不是一个常量。当单个孔隙的流量一定时，摩擦系数 λ 随孔隙当量直径的增大而增大，随流速的增大而减小。

（4）二次堆叠后，各个水头的砂袋渗透实验摩擦水头损失都明显减小，入孔处的流速有所降低，说明预压能够减少部分摩擦水头损失，具有更好的结构稳定性。

5　挡土型生态袋结构的设计方法

5.1　生态袋挡土结构设计说明

5.1.1　设计假定

因要考虑生态袋结构面层与填土之间的摩擦力作用、很多护坡面层是倾斜的，因此计算时采用了库仑土压力理论，所以严格地讲仅适用于库仑土压力理论适用的工程条件。为了简化计算，忽略掉了竖向土压力分量的影响。设计中所用到的参数为材料长期设计参数，及在生态袋结构设计寿命末期，满足结构功能要求，没有考虑黏聚力的影响。设计方法仅针对垫层底面位于地下水位以上的工程结构，对于承受一定静水压力或者地下水渗流的情况谨慎使用。

5.1.2　互链高度

生态袋挡土结构几乎不传递力矩的性质使其具有"最大影响高度"这一特点。互链高度是两侧没有支撑的生态袋以一定的外立面倾角堆放时，不发生翻倒的最大高度。用生态袋挡土结构的互链高度可以快速地计算作用在生态袋挡土墙基础或垫层上的最大设计重量、加筋土砌块挡土墙面层的连接强度、抗剪能力，简化生态袋结构稳定分析过程。

5.2　地基整体稳定和沉降计算

5.2.1　地基整体稳定分析

地基整体稳定验算宜采用圆弧滑动面计算，抗滑稳定安全系数 FS_{gl} 应满足

式（5.1）的要求：

$$FS_{gl} = \frac{R[\sum C_i L_i + \sum (q_{li} b_i + W_i) \cos \alpha_i \tan \phi_i + M_{Rl}]}{\sum R(q_{li} b_i + W_i) \sin \alpha_i + M_{sl}} \qquad (5.1)$$

式中　R——滑弧半径；

　　　q_{li}——第 i 个土条顶面作用的可变荷载；

　　　b_i——第 i 个土条的宽度；

　　　W_i——第 i 个土条的重力；

　　　α_i——第 i 个土条滑弧中点与水平线的夹角；

　　　M_{Rl}，M_{sl}——其他原因引起的抗滑力矩、滑动力矩；

　　　C_i，φ_i——第 i 个土条上黏聚力、内摩擦角的标准值。

按照挡土结构设计规范要求：$FS_{gl} \geqslant 1.3 \sim 1.5$。

有软土夹层和倾斜岩面等情况，宜采用非圆弧滑动面计算。

5.2.2　地基沉降计算

在计算地基沉降时，只计算生态袋结构和外荷载引起的地基沉降，不包括地下水位下降、地基等原因引起的地基沉降；岩石、碎石、密实的砂土以及第四纪晚更新世以前的黏性土地基，可不做沉降计算。计算沉降量时，宜采用设计低水位值。沉降量可按照式（5.2）计算：

$$S = m_s \sum \frac{e_{1i} - e_{2i}}{1 - e_{1i}} h_i \qquad (5.2)$$

式中　S——沉降量设计值；

　　　m_s——经验修正系数，按地区经验选用；

　　　e_{1i}，e_{2i}——第 i 层土受到的平均自重压力设计值和平均最终压力设计值；

　　　h_i——第 i 层土的厚度。

压缩层计算深度可按地基垂直附加应力设计值等于地基自重附加应力设计值 0.2 倍的原则确定。当计算深度以下有软土层时，压缩层计算深度还应加大。

5.3　生态袋挡土结构外部稳定分析

分析在外部土压力作用下整个生态袋挡土结构的稳定性。生态袋挡土结构主要有整体滑动、结构倾倒、基础沉降等三种外部失稳方式，如图 5.1 所示。

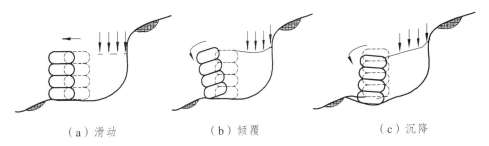

（a）滑动　　　　　　（b）倾覆　　　　　　（c）沉降

图 5.1　生态袋挡土结构的外部失稳方式

5.3.1　抗滑稳定计算

生态袋结构墙后填土区总高度按式（5.3）计算：

$$H_e = H_s + \frac{(L - W_u)\tan\beta}{1 - \tan\beta \cdot \tan\omega} \tag{5.3}$$

式中　H_s，H_e——生态袋结构的面层高度和包含填土区总高度；

　　　ω，β——生态袋结构墙面倾角及填土坡角；

　　　L——生态袋结构包括填土区的长度；

　　　W_u——填充压平后结构中生态袋的宽度。

生态袋结构受到被挡土区的水平推力可以通过式（5.4）计算：

$$P_{arf} = (0.5\gamma_r H_e + q_1)H_e K_{arf} \cos(\delta_e - \omega) \tag{5.4}$$

式中　P_{arf}——被挡土区对填土区作用的水平推力；

　　　γ_r——被挡土的湿容重；

　　　q_1——生态袋结构受到的活荷载；

　　　K_{arf}——被挡土区对填土区作用的库仑土压力系数；

　　　δ_e——被挡土与回填土之间的摩擦角。

地基以上受到垂直压力可以通过式（5.5）计算：

$$W_R = LH_s\gamma_i \tag{5.5}$$

式中　W_R——地基以上垂直压力；

　　　γ_i——填土湿容重。

地基土的抗滑安全系数由式（5.6）计算：

$$FS_{sld} = R_s / P_{arf} \tag{5.6}$$

$$R_s = \min\{c_{ds}W_R \tan\phi_1, c_{ds}(c_f L + W_R \tan\phi_f)\}$$

式中　FS_{sld}——地基抗滑安全系数，要求大于 1.5；

　　　c_{ds}，c_f——界面滑移系数和地基土的黏聚力；

　　　ϕ_1，ϕ_f——回填土和地基土的内摩擦角。

5.3.2　地基承载力验算

地基承载力安全系数由式（5.7）计算：

$$FS_{bc} = \frac{[R]}{Q} \tag{5.7}$$

$$Q = \frac{(W_R + q_L L)}{(L + 2e)}$$

式中　FS_{bc}——地基承载力安全系数，一般要求大于 2.0；

　　　$[R]$，Q——地基承载力容许值和设计值；

　　　e——地基对填土区的垂直反力的偏心距。

5.3.3　抗倾覆稳定验算

生态袋挡土结构是柔性，这种拟重力结构一般不会发生倾倒破坏，可不用验算。若抗倾倒稳定安全系数过大，将可限制过大的侧面变形和挡土墙发生扭曲，抗倾倒稳定安全系数可由（5.8）计算：

$$FS_{ot} = \frac{M_R}{M_o} \tag{5.8}$$

式中　FS_{ot}——抗倾倒稳定安全系数，一般要求大于 2.0；

　　　M_R，M_o——抗倾覆力矩和倾覆力矩。

5.4　生态袋挡土结构内部稳定分析

填土区设置土工格栅有利于改善回填土性质，减少填土区不均匀沉降。生态袋挡土结构主要有土工格栅从填土区被拔出、填土区土工格栅被拉断、生态袋结构沿土工格栅界面切层滑出等三种内部失稳方式，如图5.2所示。

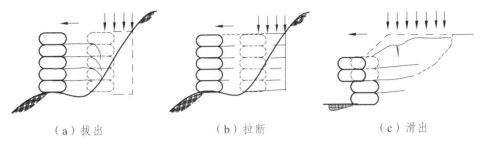

（a）拔出　　　　　　　（b）拉断　　　　　　　（c）滑出

图5.2　生态袋挡土结构的内部失稳方式

5.4.1　最小加筋层数的确定

生态袋结构面层受到填土区的水平推力可以通过式（5.9）计算：

$$P_{afb} = (0.5\gamma_i H_e + q_1)H_e K_{afb} \cos(\delta_i - \omega) \tag{5.9}$$

式中　P_{afb}——填土对生态袋结构墙面作用的水平推力；

γ_i——回填土的湿容重；

K_{afb}——填土对生态袋结构墙面作用的库仑土压力系数；

δ_i——生态袋结构墙背与回填土之间的摩擦角。

最小拉筋层数可以通过式（5.10）确定，取最小整数：

$$N_{min} > \frac{P_{afb}}{[T_a]} \tag{5.10}$$

式中　N_{min}——最少拉筋层数；

$[T_a]$——拉筋的容许拉应力。

5.4.2　加筋承载力计算

假定相邻两层拉筋等距离承受拉筋间的土压力，把总的土压力分配给每一层拉筋，分析每一层加筋所承受的土压力。可以通过调整拉筋的位置，将每层拉筋承受的拉力调整到拉筋的容许拉应力以下。第n层加筋所承担的土压力$F_{g(n)}$可由式（5.11）计算：

$$F_{g(n)} = (\gamma_i D_{(n)} + q_L)K_{afb} \cdot A_{c(n)} \cos(\delta_i - \psi) \tag{5.11}$$

式中 $A_{c(n)}$——第 n 层加筋的有效作用面积，如图 5.3 所示；

$D_{(n)}$——墙顶到第 n 层加筋有效作用面积中心的距离。

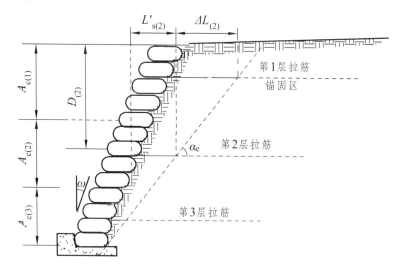

图 5.3 生态袋结构各层拉筋有效作用面积示意图

第 n 层加筋承载力安全系数 $FS_{to(n)}$ 由式（5.12）计算：

$$FS_{to(n)} = \frac{[T_a]}{F_{g(n)}}$$ （5.12）

通常加筋承载力安全系数 $FS_{to(n)}$ 大于 1.1 即可。

5.4.3 加筋拉结力计算

加筋拉结力计算主要是分析锚固区（如图 5.3 所示）格栅长度能否承受墙体生态袋上的内部土压力。拉筋在锚固区最小长度不能小于 0.3 m。

第 n 层加筋的拉结能力 $F_{a(n)}$ 由式（5.13）计算：

$$F_{a(n)} = 2L_{a(n)}C_i d_{(n)}\gamma_i \tan\phi_i$$ （5.13）

式中 $L_{a(n)}$——第 n 层加筋在锚固区的长度；

$d_{(n)}$——第 n 层加筋在锚固区的长度以上平均覆盖层厚度；

C_i——拉出时的相互作用系数。

第 n 层加筋拉结能力安全系数 $FS_{po(n)}$ 由式（5.14）计算：

$$FS_{po(n)} = \frac{F_{a(n)}}{F_{g(n)}} \qquad (5.14)$$

根据实际工程条件、填土情况可以选择合适的破坏面形式。通常加筋拉结能力安全系数 $FS_{po(n)}$ 大于 1.5 即可。

5.4.4 内部滑动分析

内部滑动分析主要是计算某层拉筋以上土层是否会沿着该层面滑出。沿着第 n 层加筋的抗滑稳定安全系数 $FS_{sl(n)}$ 可由式（5.15）计算：

$$FS_{sl(n)} = \frac{(R'_{s(n)} + V_u)}{P'_{a(n)}} \qquad (5.15)$$

$$R'_{s(n)} = C_{ds} L'_{s(n)} H_{t(n)} \gamma_i \tan \varphi_i \qquad (5.16)$$

$$V_{u(n)} = a_u + W_w \tan \lambda_u \qquad (5.17)$$

$$P'_{a(n)} = (0.5\gamma_r H_{t(n)}^2 + q_L H_{t(n)}) K_{arf} \cos(\delta_e - \omega) \qquad (5.18)$$

式中　$FS_{sl(n)}$——沿着第 n 层加筋的抗滑稳定安全系数，一般要求大于 1.5；

$R'_{s(n)}$——第 n 层加筋的抗滑力；

$L'_{s(n)}$——第 n 层滑移面的长度，如图 5.3 所示；

$H_{t(n)}$——生态袋结构顶部到第 n 层拉筋之间的高度；

$V_{u(n)}$——第 n 层加筋处生态袋之间的抗剪力；

$P'_{a(n)}$——第 n 层加筋以上的外部土压力；

a_u，λ_u——生态袋结构层面间的表观最小抗剪强度和表观摩擦角，由结构抗拉拔试验确定；

W_w——剪切面以上生态袋的重量，由生态袋结构的互链高度决定。

5.5 生态袋结构的局部稳定分析

生态袋结构的局部稳定分析，主要是分析拉筋会不会由于与面层连接强度

不够而脱出面层、会不会由于加筋处抗剪强度不够生态结构面层出现局部凸起以及会不会由于第一层拉筋距顶部距离过大出现顶部面层局部倾斜等原因，如图 5.4 所示。

（a）拉筋脱出面层　　　（b）局部面层凸出　　　（c）顶部面层倾覆

图 5.4　生态袋挡土结构的局部失稳方式

5.5.1　加筋与生态袋面层之间的连接强度验算

分析张性破坏区每一层拉筋与生态袋之间的连接是否牢固，第 n 层加筋与砌块之间的连接强度安全系数 $FS_{cs(n)}$ 可用式（5.19）计算：

$$FS_{cs(n)} = \frac{a_{cs} + W_w \tan \lambda_{cs}}{F_{g(n)}} \qquad (5.19)$$

式中　$FS_{cs(n)}$——第 n 层加筋与砌块之间的连接强度安全系数，一般要求大于 1.3；
　　　a_{cs}，λ_{cs}——土工格栅与生态袋间的最小连接强度及最小连接摩擦角，由生态结构拉拔试验确定。

5.5.2　生态袋之间抗剪强度验算

分析在内部主动土压力作用下，活动区每一层加筋处的生态袋会不会由于抗剪强度不够而凸出墙面。第 n 层加筋处生态袋之间的抗剪安全系数 $FS_{sc(n)}$ 可由式（5.20）计算：

$$FS_{sc(n)} = \frac{V_{u(n)}}{P_{a(n)} - \sum_{i=n+1}^{N} F_{g(n)}} \qquad (5.20)$$

$$P_{a(n)} = (0.5\gamma_i H_{t(n)}^2 + q_L H_{t(n)})K_{afb} \cos(\delta_i - \omega) \qquad (5.21)$$

式中　$FS_{sc(n)}$——第 n 层加筋处生态袋之间的抗剪安全系数，一般要求大于 1.3；
　　　$H_{t(n)}$——生态袋结构顶部到第 n 层拉筋之间的高度。

5.5.3 生态袋结构无加筋部分的抗倾覆计算

主要是分析生态袋结构顶部无加筋部分在内部土压力作用下的抗倾覆能力。顶层生态袋面层抗倾覆安全系数 FS_{ot} 可由式（5.22）计算：

$$FS_{ot} = \frac{M_{rt}}{M_{ot}} = \frac{0.5W_w(W_u + H_t \tan \omega)}{P_a y_a} \qquad （5.22）$$

式中　FS_{ot}——顶层生态袋面层抗倾覆安全系数，一般要求大于 2；

　　　M_{rt}、M_{ot}——抗倾覆力矩与倾覆力矩；

　　　H_t——加筋生态袋结构顶部无筋部分高度；

　　　P_a——无筋部分水平方向土压力；

　　　y_a——P_a 作用点到转心之间的距离。

5.6　其他部分设计

5.6.1　生态袋挡土结构排水系统设计

生态袋结构面层具有较大的渗透性，但在回填土区，排水不畅可使水压力上升或在回填土内形成渗透力，给生态袋挡土结构系统增加了失稳的力，同时使回填土抗剪强度降低。如地下水位在生态袋挡土结构设计期间可上升到或刚好保持在水平垫层以下，这时水平粗粒料垫层必须延伸到挡土墙基础整个范围，这时排水措施对地下水上升到挡土墙底面以上仅部分有效，有时可添加复合塑料排水软管作为垫层排水系统。如果地下水位高于水平排水垫顶面，竖向排水通道需要延伸到地下水位可能达到的最高处或 2/3 倍墙高，复合排水软管可作为竖向排水通道，如图 5.5 所示。根据工程实际，科学合理地设计生态袋挡土结构的排水系统，使其有足够的排水能力和坡度，及时将地下水流排放到挡土结构之外。设计时应需要土工织物及滤层，防止粗粒料孔隙被堵而降低渗透性。

在生态袋结构的施工期，应防止地表径流渗入开挖区和施工区域。施工时，应在生态袋挡土墙顶面铺设一层低渗透性黏土，防止地表水形成并顺生态袋挡土墙墙面垂直径流；在低渗透黏土层上面松铺 10~15 cm 厚的土以利于草类生长，并防止其他低渗透性的土体风化。

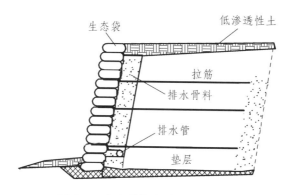

图 5.5　生态袋挡土结构排水设计

5.6.2　生态袋挡土结构水平垫层

　　生态袋挡土结构垫层一般采用压实的水平粗粒料垫层作基础,如图 5.5。水平垫层的作用是帮助分散于生态袋结构面层的重量,使地基土承受较小的应力作用;还具有排水功能并提供施工工作面;压实水平垫层还提供了较大刚度而又是柔性的垫层,以利于防止应力集中并调整不均匀沉降。

　　为具有理想的应力调整和排水特性,压实粗粒料水平排水垫层应采用砾石或粗砂材料并压密。有时在压实水平理论垫层上铺一薄层低标量混凝土以缩短工期。水平垫层厚度不小于 15 cm,水平垫层的宽度至少在最下层生态袋挡土墙的前后各外延 15 cm。在不允许挡土墙范围的水向地基中渗流时,水平垫层也可用压密的不透水级配材料填筑,在垫层上布置排水管排水。

5.6.3　生态袋挡土结构材料要求

　　生态袋的作用是防止拉筋间填土侧向挤出、传递土压力以及便于拉筋固定布设,并保证填料、拉筋、生态袋面层构成具有一定形状的整体。对填充、压密后的生态袋主要有如下要求:应有足够的强度,以保证拉筋端部土体的稳定;应有一定的刚度,以抵抗预期和意外的冲击和震动作用;应有足够的柔性,以适应加筋体在荷载作用下产生的沉降所带来的变形。生态袋结构一般使用周期为 50~70 年,根据工程设计要求,选用强度、外观尺寸和颜色合适的产品;当生态袋材料运达工程现场后,必须抽查各批次产品的质量,确认强度、外观尺寸和颜色等是否达到设计要求并与生产单位提供的数据一致。

　　土工合成材料加筋在设计时是一种永久性材料,参数受到诸多环节因素的影响。在设计时一定要考虑土体中的物理化学作用、施工破损和生态袋挡土结构面区域高温影响。每一层加筋土工合成材料抗剪强度大的方向垂直于挡土墙的走向，每层土工合成材料沿挡土墙方向展布，两块之间采用对接方式，形成整个面积覆盖的加筋层。设计时必须根据生态袋挡土结构设计寿命选择土工合成材料加筋材料，保证加筋材料在土层中有足够的抗拉强度，与面层间有足够的连接强度，在潜在破坏面以外有足够的锚固长度和锚固能力，以防止加筋材料从土中抽出。

生态袋挡土结构在大多数情况下可直接使用现场土料作为回填土。加筋土的土料也可有比较宽的选择余地，无黏性渗透性土料（细粒含量低于 10%）是优选的加筋土料。含低塑性细粒料（塑性指数低于 20%的 CL、ML、SM、SC）也可用做砌块挡土墙的填土。回填土最大粒径应小于 30 mm，否则要考虑对拉筋的破坏作用。建议细粒含量应低于 50%，这种级配的土料比细粒土容易摊铺和压实，因渗透性较高，可作为辅助排水通道，具有较高抗剪强度、较低的蠕变特性；细粒含量高于 50%的低塑性细粒土，也可用做生态袋挡土结构回填土，但应该考虑过大的墙面变形和填土区的排水设计。有机土和有机质土不适合作为回填土。

5.7 本章结论

（1）生态袋挡土结构在设计时采用库仑土压力理论；没有考虑黏聚力的影响，这种做法使设计接近工程实际，使结果偏于保守。设计过程中利用到生态袋柔性结构几乎不传递力矩的性质，简化了生态袋结构稳定分析过程。根据地基整体的抗滑稳定进行地基的沉降计算，具体设计时应根据现场实际，选用适合的分析方法。

（2）生态袋挡土结构外部稳定分析，在分析被挡土区域水平水土压力作用下，挡土结构整体是否会滑动时，若被挡土区域不存在水平压力，可不予考虑；在分析地基是否能承受生态袋挡土结构的重量时，如对沉降要求不高，可以适当放宽安全系数；由于生态袋结构是柔性结构，一般都自动满足。

（3）生态袋挡土结构内部稳定分析时，主要分析填土区填土与加筋之间、填土与生态袋面层之间的作用。通常可以通过在生态袋之间设置联结扣（或者其他连接构建）改善生态袋之间的连接性能；可以通过增加拉筋长度，缩小加筋间距（增加加筋层数）来满足各种稳定条件。

（4）生态袋结构的局部稳定分析，主要应分析局部危险区域的稳定性；主

要是科学设置构件，增加生态袋面层与拉筋之间的连接性能；顶层拉筋应科学设置，离顶部距离过大，可能发生局部倾覆，距离过小，拉筋可能会因拉结能力过低被拔出，同样引起结构的稳定问题。

（5）排水系统设置应根据工程实际，采用合理设计断面，生态袋结构范围内地表水、地下水不能从被挡土区或者结构顶部进入填土区；让进入填土层中的水能够尽快地排出，不会产生对结构面的水压力。

（6）垫层的作用是提供较大刚度而又是柔性的垫层，以利于防止应力集中并调整不均匀沉降。水平垫层还具有排水功能并提供施工工作面。在不允许挡土墙范围的水向地基中渗流时，水平垫层也可用压密的不透水级配材料填筑，在垫层上布置排水管排水。

（7）生态袋材料的研究就是有足够的强度，以保证拉筋端部土体的稳定；有一定的刚度，以抵抗预期和意外的冲击和震动作用；有足够的柔性，以适应加筋体在荷载作用下产生的沉降所带来的变形。拉筋主要是保证加筋材料在土层中有足够的抗拉强度，与面层间有足够的连接强度，在潜在破坏面以外有足够的锚固长度和锚固能力，以防止加筋材料从土中抽出。生态袋挡土结构的一个在大多数情况下，可直接使用现场土料作为回填土。

6 护岸型生态袋结构的

设计方法

6.1 生态袋单体重度和面层厚度计算

6.1.1 不考虑生态袋变形时的计算方法

生态袋护岸结构首先是靠生态袋自身的重量来维持稳定的，所以生态袋体必须有足够的重量。生态袋护岸结构的失稳主要是由于生态袋在水流拖拽力和上升力的作用下，单个生态袋失去平衡凸出护坡面所致。生态袋护岸结构受力如图 6.1 所示。生态袋护岸结构可以用式（6.1）验算抗滑稳定：

$$\mu(F_{sb} - F_L) + C > F_D + F_M \qquad （6.1）$$

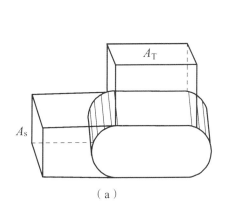
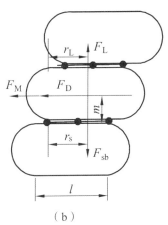

（a） （b）

图 6.1 生态袋受力示意图

其中

$$F_D = 0.5\rho_w u^2 C_D A_s \qquad\qquad (6.2)$$

$$F_M = C_M \rho_w V_{GSC} \frac{\partial u}{\partial t} \qquad\qquad (6.3)$$

$$F_L = 0.5\rho_w u^2 C_L A_T \qquad\qquad (6.4)$$

$$F_{sb} = (\rho_s - \rho_w)g V_{sb} \qquad\qquad (6.5)$$

式中　F_D，F_M——生态袋受到的拖拽力、惯性力，各力如图 6.1 所示；

F_L，F_{sb}——生态袋受到的上升力、浮重力；

C——生态袋中由于连接构件增加的抗滑力，不考虑偏干安全；

ρ_s，ρ_w——土粒和水的密度；

u——河道流速；

C_D，C_M，C_L——经验系数；

A_s——生态袋沿波浪法线方向投影面积；

A_T——生态袋沿波浪方向投影面积；

V_{GSC}——结构中生态袋体积；

V_{sb}——影响高度范围内生态袋体积，如图 6.3 所示；

μ——生态袋间的摩擦系数。

设填充压实后，单个生态袋主体尺寸长宽高分别为 l、αl、βl，如图 6.2 所示，易得

$$A_s = \alpha\beta l^2 \qquad\qquad (6.6)$$

$$A_T = \alpha l^2 \qquad\qquad (6.7)$$

$$V_{GSC} = \alpha\beta l^3 \qquad\qquad (6.8)$$

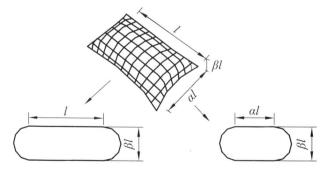

图 6.2　生态袋外观尺寸

生态袋护坡结构影响高度范围如图 6.3 粗虚线所示，其影响高度范围侧面积 A_H、体积 V_{sb}，易得

$$A_H = 0.5 \tan \psi l^2 \qquad (6.9)$$

$$V_{sb} = 0.5 \alpha \tan \psi l^3 \qquad (6.10)$$

式中　ψ——坡面倾角，如图 6.3 所示。

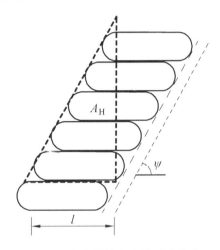

图 6.3　生态袋护岸结构影响高度

将式（6.6）至式（6.8）代入式（6.2）至式（6.4），可得到由生态袋长度表示的拖拽力、惯性力、上升力的表达式；将式（6.9）、式（6.10）等代入式（6.5），可得到浮重力的表达式；将各力表达式代入式（6.1），得到

$$\mu \left(0.5 \Delta g \alpha \tan \psi l^3 - 0.5 C_L u^2 \alpha l^2 \right) + C \geqslant 0.5 C_D u^2 \alpha \beta l^2 + C_M \frac{\partial u}{\partial t} \alpha \beta l^3 \quad (6.11)$$

其中　$\Delta = \left(\dfrac{\rho_s}{\rho_w} - 1 \right)$

不考虑生态袋间连接构增加的抗剪力 C，将式（6.11）化简移项易得满足结构抗滑稳定的最小面层厚度为

$$l \geqslant \frac{(C_D \beta + C_L \mu) u^2}{\left(\mu \Delta g \tan \psi - 2\beta C_M \dfrac{\partial u}{\partial t} \right)} \qquad (6.12)$$

由于单个生态袋的重量可以表示为

$$W = \rho_s V_{GSC} = \rho_s \alpha \beta l^3 \tag{6.13}$$

将式（6.12）代入式（6.13）得到满足抗滑稳定条件要求的单个生态袋重量

$$W \geq \rho_s \alpha \beta [\frac{(C_D \beta + C_L \mu)u^2}{(\mu \Delta g \tan\psi - 2\beta C_M \frac{\partial u}{\partial t})}]^3 \tag{6.14}$$

生态袋护岸结构可以用式（6.15）验算抗倾覆稳定性：

$$F_{sb} \cdot r_s \geq (F_D + F_M)m + F_L \cdot r_L \tag{6.15}$$

式中　r_s——浮重力作用线距转动轴的距离；

　　　r_L——上升力作用线距转动轴的距离；

　　　m——拖拽力、惯性力作用线距转动轴的距离，如图6.1所示。

将式（6.2）至式（6.5）代入式（6.15），得到

$$0.5\Delta g \alpha \tan\psi l^3 \cdot r_s \geq (0.5C_D u^2 \alpha \beta l^2 + C_M \frac{\partial u}{\partial t}\alpha \beta l^3)m + 0.5C_L u^2 \alpha l^2 \cdot r_L \tag{6.16}$$

将式（6.16）化简移项易得满足结构抗倾覆稳定的最小面层厚度为

$$l \geq \frac{(C_D \beta m + C_L r_L)u^2}{(\Delta g \tan\psi r_s - 2C_M \frac{\partial u}{\partial t}\beta m)} \tag{6.17}$$

将式（6.17）代入式（6.13）得到满足抗倾覆稳定条件要求的单个生态袋重量

$$W \geq \rho_s \alpha \beta [\frac{(C_D \beta m + C_L r_L)u^2}{(\Delta g \tan\psi r_s - 2C_M \frac{\partial u}{\partial t}\beta m)}]^3 \tag{6.18}$$

实际上，生态袋结构至少应该考虑承受一层生态袋浮重力以上的力，也就是说，当：$V_{sb} < V_{GSC}$ 时，将 V_{GSC} 代替 V_{sb}，带入式（6.11）中，得到满足结构抗滑稳定的最小面层厚度为

$$l \geq \frac{0.5(C_D \beta + C_L \mu)u^2}{\beta(\mu \Delta g - C_M \frac{\partial u}{\partial t})} \tag{6.19}$$

满足抗滑稳定条件要求的单个生态袋重量

$$W \geqslant \frac{\rho_s \alpha}{\beta}\left[\frac{0.5(C_D \beta + C_L \mu)u^2}{\left(\mu \Delta g - C_M \frac{\partial u}{\partial t}\right)}\right]^3 \qquad (6.20)$$

将 V_{GSC} 代替 V_{sb}，带入式（6.16）中，得满足结构抗倾覆稳定的最小面层厚度为

$$l \geqslant \frac{0.5(C_D \beta^2 + C_L)u^2}{\beta\left(\Delta g - C_M \frac{\partial u}{\partial t}\beta\right)} \qquad (6.21)$$

满足抗倾覆稳定条件要求的单个生态袋重量

$$W \geqslant \frac{\rho_s \alpha}{\beta}\left[\frac{0.5(C_D \beta^2 + C_L)u^2}{\left(\Delta g - C_M \frac{\partial u}{\partial t}\beta\right)}\right]^3 \qquad (6.22)$$

6.1.2 考虑生态袋变形时的计算方法

河道波浪在生态袋表面破碎时会产生很大的冲击力；在向上冲击力的作用下，生态袋会发生向坡岸一侧偏转，使生态袋间接触面积减小；当波浪向下回退时，生态袋会受到面向河道方向的拖拽力；长期的波浪作用会导致生态袋内填充物向沿河道一侧迁移、生态袋之间有效接触面减小影响结构的稳定。

如图 6.4 所示，在波浪作用下静水面附近的生态袋一般会受到最不利的荷载组合，临水的一侧，局部会向上翘起，使生态袋之间的接触面减小。如图 6.5 所

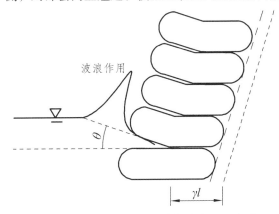

图 6.4 波浪作用下生态袋袋体变形示意图

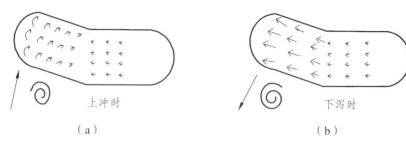

（a）   （b）

图 6.5　波浪作用下生态袋滑移过程

示，在波浪向上冲击时，生态袋在波浪作用下发生顺时针方向的偏转，在生态袋之间会增加一个向外的滑动力；当波浪下泻时，水从生态袋之间流出，会是生态袋发生逆时针偏转，也会将生态袋向外拖拽。波浪循环作用下，生态袋中的填料也会不断地向临水面迁移，导致生态袋的有效接触面减小，使生态袋结构趋于不稳定。

6.1.2.1　考虑生态袋变形时袋体拖拽力、上升力及浮重力分析

生态袋发生变形后如图 6.6 所示。分析中假定生态袋变形后体积不变，厚度不变。设生态袋的有效接触面长度为 γl，受拉侧弯起部分长 ηl，生态袋弯起的角度为 θ。

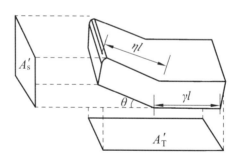

图 6.6　生态袋变形尺寸示意图

由图 6.6，容易求得

$$A_{\mathrm{s}}' = \alpha(\eta \sin\theta + \beta \cos\theta)l^2 \tag{6.23}$$

$$A_{\mathrm{T}}' = \alpha(\eta \cos\theta + \gamma)l^2 \tag{6.24}$$

将求得的 A_{s}'、A_{T}' 带入式（6.2）、式（6.4），分别代替其中的 A_{s}、A_{T} 得到变形后生态袋受到的拖拽力和上升力分别为

$$F_{\mathrm{D}} = 0.5\rho_{\mathrm{w}}u^2 C_{\mathrm{D}}\alpha(\eta\sin\theta + \beta\cos\theta)l^2 \qquad (6.25)$$

$$F_{\mathrm{L}} = 0.5\rho_{\mathrm{w}}u^2 C_{\mathrm{L}}\alpha(\eta\cos\theta + \gamma)l^2 \qquad (6.26)$$

考虑到生态袋变形时的护坡结构影响高度范围如图 6.7 粗虚线所示,其影响高度范围侧面积 A_{H}' ,易得:

$$A_{\mathrm{H}}' = 0.5\gamma^2 l^2 \tan\psi \qquad (6.27)$$

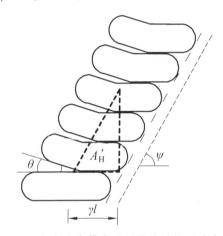

图 6.7　考虑生态袋变形后护岸结构影响高度

易得其影响高度范围内体积:

$$V_{\mathrm{sb}}' = 0.5\alpha\gamma^2 l^3 \tan\psi \qquad (6.28)$$

此时生态袋受到的浮重力可以表示为

$$F_{\mathrm{sb}} = 0.5(\rho_{\mathrm{s}} - \rho_{\mathrm{g}})g\alpha\gamma^2 l^3 \tan\psi \qquad (6.29)$$

6.1.2.2　考虑生态袋变形时面层厚度及单体重量分析

将式(6.25)、式(6.26)及式(6.29)分别表示的考虑生态袋变形时受到的拖拽力、上升力、浮重力,以及式(6.3)表示的惯性力带入式(6.1)中,得到

$$\mu[0.5\varDelta g\alpha\gamma^2 l^3 \tan\psi - 0.5C_{\mathrm{L}}u^2\alpha(\eta\cos\theta + \gamma)l^2] + \cdots + C \geqslant$$

$$0.5C_{\mathrm{D}}u^2\alpha(\eta\sin\theta + \beta\cos\theta)l^2 + C_{\mathrm{M}}\frac{\partial u}{\partial t}\alpha\beta l^3 \qquad (6.30)$$

不考虑生态袋间连接构增加的抗剪力，将式（6.30）化简移项易得考虑生态袋变形时结构满足抗滑稳定的最小面层厚度：

$$l \geqslant \frac{[C_D(\eta \sin \theta + \beta \cos \theta) + C_L(\eta \cos \theta + \gamma)\mu]}{(\mu \Delta g \gamma^2 \tan \psi - 2\beta C_M \frac{\partial u}{\partial t})} u^2 \tag{6.31}$$

将式（6.31）代入式（6.11）得到考虑生态袋变形时满足抗滑稳定条件要求的单个生态袋重量

$$W \geqslant \rho_s \alpha \beta u^6 \frac{[C_D(\eta \sin \theta + \beta \cos \theta) + C_L(\eta \cos \theta + \gamma)\mu]^3}{(\mu \Delta g \gamma^2 \tan \psi - 2\beta C_M \frac{\partial u}{\partial t})^3} \tag{6.32}$$

生态袋结构在波浪作用卜，特别是在波浪向上冲击时，可能沿后沿发生倾覆失稳。变形后生态袋结构受力示意如图 6.8 所示。

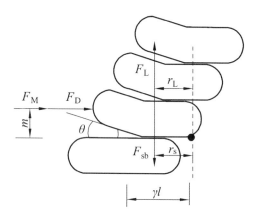

图 6.8　考虑生态袋变形时结构受力示意图

将式（6.25）、式（6.26）及式（6.29）分别表示的考虑生态袋变形时受到的拖拽力、上升力、浮重力，以及式（6.3）表示的惯性力带入式（6.15）中得到

$$0.5\Delta g \alpha \gamma^2 l^3 \tan \psi \cdot r_s \geqslant [0.5C_D u^2 \alpha(\eta \sin \theta + \beta \cos \theta)l^2 + \cdots +$$

$$C_M \frac{\partial u}{\partial t} \alpha \beta l^3]m + 0.5C_L u^2 \alpha(\eta \cos \theta + \gamma)l^2 \cdot r_L \tag{6.33}$$

将式（6.33）化简移项易得，考虑生态袋变形时满足结构抗倾覆稳定的最小

面层厚度为

$$l \geqslant \frac{[C_{\mathrm{D}}(\eta \sin\theta + \beta\cos\theta)m + C_{\mathrm{L}}(\eta\cos\theta + \gamma)r_{\mathrm{L}}]}{(\Delta g\gamma^2\tan\psi r_{\mathrm{s}} - 2\beta C_{\mathrm{M}}\dfrac{\partial u}{\partial t}m)}u^2 \qquad （6.34）$$

将式（6.34）代入式（6.13）得到，考虑生态袋变形时满足抗倾覆稳定条件要求的单个生态袋重量

$$W \geqslant \rho_{\mathrm{s}}\alpha\beta u^6 \frac{[C_{\mathrm{D}}(\eta\sin\theta + \beta\cos\theta)m + C_{\mathrm{L}}(\eta\cos\theta + \gamma)r_{\mathrm{L}}]^3}{(\Delta g\gamma^2\tan\psi r_{\mathrm{s}} - 2\beta C_{\mathrm{M}}\dfrac{\partial u}{\partial t}m)^3} \qquad （6.35）$$

6.1.2.3　不考虑上部约束时结构面层厚度及生态袋单体重量分析

实际上，不考虑上层生态袋的约束作用，仅考虑单个生态袋受到波浪作用时发生的滑移或者倾覆，采取有关方法设计，结论趋于安全。

单层生态袋变形时，产生浮重力的影响范围如图6.9粗虚线所示。易得此时生态袋受到的浮重力可以表示为

$$F_{\mathrm{sb}} = (\rho_{\mathrm{s}} - \rho_{\mathrm{g}})g\alpha\beta\omega l^3 \qquad （6.36）$$

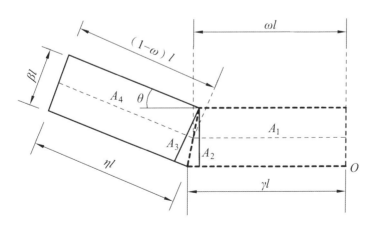

图6.9　单个生态袋变形尺寸示意图

由图6.9可知，通过简单的几何计算可以得到

$$\gamma = \omega + 0.5\beta \tan \theta \qquad (6.37)$$

$$\eta = 1 - \omega + 0.5\beta \tan \theta \qquad (6.38)$$

将式（6.36）、式（6.37）、式（6.38）带入，易得到不考虑上层约束时满足抗滑稳定的最小面层厚度：

$$l \geqslant \frac{\{C_D M_1 + C_L M_2 \mu\}}{2\beta(\mu \Delta g \omega - C_M \dfrac{\partial u}{\partial t})} u^2 \qquad (6.39)$$

式中　M_1，M_2——与生态袋变形 ω、θ 有关的参数。

$$M_1 = (1 - \omega + 0.5\beta \tan \theta)\sin \theta + \beta \cos \theta$$

$$M_2 = (1 - \omega + 0.5\beta \tan \theta)\cos \theta + \omega + 0.5\beta \tan \theta$$

将式（6.39）代入式（6.13）易得到不考虑上层约束时满足抗滑稳定条件要求的单个生态袋重量

$$W \geqslant \frac{\rho_s \alpha u^6}{8\beta^2} \left(\frac{C_D M_1 + C_L M_2 \mu}{\mu \Delta g \omega - C_M \dfrac{\partial u}{\partial t}}\right)^3 \qquad (6.40)$$

浮重力作用力臂取决于 A_1 和 A_2 面积之和的重心。经过几何分析，得到体形重心坐标：

$$\begin{cases} x_{A_{1-2}} = \dfrac{3(\omega - 0.5\beta \tan \theta)^2 + 0.5\beta \tan \theta(6\omega - \beta \tan \theta)}{6\omega - 3\beta \tan \theta + 3\beta \tan \theta} l \\ y_{A_{1-2}} = \dfrac{3(\omega - 0.5\beta \tan \theta)\beta + \beta^2 \tan \theta}{6\omega - 3\beta \tan \theta + 3\beta \tan \theta} l \end{cases} \qquad (6.41)$$

拖拽力、惯性力、上升力力臂取决于整个变形生态袋的重心。经过分析，得到生态袋重心坐标：

$$\begin{cases} x_{A_{1-4}} = [\dfrac{\beta^2 \tan \theta(7 \tan \theta + \sin \theta)}{24} + \dfrac{(1 - \omega)^2 \cos \theta - \omega^2}{2} + \omega]l \\ y_{A_{1-4}} = [\dfrac{\beta^2 (\sin \theta + \sin^2 \theta - 0.75 \sin^3 \theta)}{6(\cos \theta)^2} - \dfrac{\beta^2 \tan \theta}{3} + \dfrac{\beta + (1 - \omega)^2 \sin \theta}{2}]l \end{cases} \qquad (6.42)$$

要生态袋在波浪作用下不发生倾覆破坏，需满足：

$$F_{sb} \cdot x_{A_{1-2}} \geqslant (F_D + F_M) \cdot y_{A_{1-4}} + F_L \cdot x_{A_{1-4}} \qquad (6.43)$$

将式（6.25）、式（6.26）、式（6.36）及式（6.3）求得的拖拽力、上升力、浮重力及惯性力表达式带入式（6.43）中，化简后得到满足结构抗倾覆稳定的最小面层厚度为

$$l \geqslant \frac{(C_D M_1 \cdot y_{A_{1-4}} + C_L M_2 \cdot x_{A_{1-4}})}{2\beta(\Delta g \omega \cdot x_{A_{1-2}} - C_M \frac{\partial u}{\partial t} \cdot y_{A_{1-4}})} u^2 \qquad (6.44)$$

将式（6.44）代入式（6.13）得到不考虑上部约束时，满足抗倾覆稳定条件要求的单个生态袋重量

$$W \geqslant \frac{\rho_s \alpha u^6}{8\beta^2} \frac{(C_D M_1 \cdot y_{A_{1-4}} + C_L M_2 \cdot x_{A_{1-4}})^3}{(\Delta g \omega \cdot x_{A_{1-2}} - C_M \frac{\partial u}{\partial t} \cdot y_{A_{1-4}})^3} \qquad (6.45)$$

采用式（6.39）、式（6.40）、式（6.44）、式（6.45）设计的生态袋结构偏于安全，即使是生态带结构局部损坏，也不会影响结构的整体稳定。

6.1.2.4 波浪作用下生态袋结构面层厚度及生态袋单体重量影响因素分析

生态袋结构袋体之间的摩擦系数大于袋体材料之间的摩擦系数，一般取0.4~0.7；在不考虑侧向最大位移限制的情况下，可达到0.9及以上；通常在不考虑其他连接加固措施的前提下，取值0.5~0.6较为合理。力学系数 C_D、C_L、C_M 取值与水流雷诺数有关，可按式（6.46）选取。

$$\begin{cases} C_D = -3 \times 10^{-5} Re + 8.9 \\ \quad C_M = 0.3 \\ C_L = 1 \times 10^{-5} Re - 0.587 \end{cases} \qquad (6.46)$$

对于在交通、市政工程和水利工程中常见的生态袋袋体，$\beta \leqslant 0.2$。在波浪作用下，生态袋上翘的角度 θ 通常为 15°~45°；生态袋的有效接触面长度 γl 通常在 $0.65l$~$0.95l$。根据各参数的取值范围，将式（6.31）对 θ 求导，易得

$$\frac{\mathrm{d}l}{\mathrm{d}\theta} \geqslant \frac{[\eta(C_{\mathrm{D}}\cos\theta - C_{\mathrm{L}}\mu\sin\theta) + \gamma C_{\mathrm{L}}\mu - C_{\mathrm{D}}\beta\sin\theta]}{(\mu\Delta g\gamma^2\tan\psi - 2\beta C_{\mathrm{M}}\frac{\partial u}{\partial t})}u^2 > 0 \qquad (6.47)$$

所以生态袋结构面层最小的有效厚度随着 θ 的增大而增大。事实上，由于生态袋的变形，生态袋结构受到的拖拽力会增大 0~40%，受到的浮重力会减小 0~30%，导致不得不增加 2 倍以上的面层有效厚度、8 倍以上的生态袋重力才能保证生态袋结构的安全。控制好填充度，可以通过设置一定的袋面倾角，增加接触面的有效强度，如图 6.10 所示。但此时，面层的实际厚度将小于 l。

$$D = l\cos\theta \qquad (6.48)$$

式中　D——袋面倾角 θ 时实际的面层厚度。

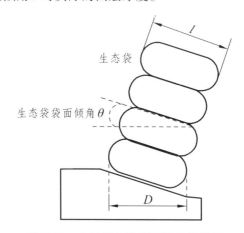

图 6.10　生态袋结构袋面倾角示意图

6.1.3　生态袋结构的稳定重量和面层厚度计算的经验公式

多次试验表明，单个生态袋的稳定重量可以用式（6.49）验算：

$$W = \frac{\gamma_{\mathrm{b}}H^3}{K_{\mathrm{D}}(S_{\mathrm{b}}-1)^3\cot\alpha} \qquad (6.49)$$

$$S_{\mathrm{b}} = \frac{\gamma_{\mathrm{b}}}{\gamma} \qquad (6.50)$$

式中　W——单个生态袋稳定重量；

　　　S_b——相对容重；

γ_b，γ——生态袋的重度、水重度；

H——设计波高；

K_D——生态袋的稳定系数；

α——斜坡与水平面上的坡角。

单个生态袋有效厚度可以通过式（6.51）至式（6.54）确定：

$$N_s = \frac{H_s}{(\rho_b / \rho_w - 1)D} \qquad (6.51)$$

$$D = L\sin\beta \qquad (6.52)$$

$$\xi_0 = \frac{\tan\alpha}{(H_s / L_0)^{1/2}} \qquad (6.53)$$

$$C_w = N_s \xi_0^{1/2} \qquad (6.54)$$

式中　ξ_0——波浪破碎系数；

N_s——生态袋结构稳定数；

C_w——生态袋结构稳定阈值，取值 3~8；

H_s——有效波高；

L_0——有效波长；

ρ_b，ρ_w——填料和水的密度；

D——生态袋面层的有效厚度；

L——生态袋面层的厚度；

β——生态袋上下表面与水平面的倾角。

平均波高 H 可以通过式（6.55）确定：

$$H = \frac{V^2}{g} 0.13th\left[0.7(\frac{gd}{V^2})^{0.7}\right] th(\frac{0.0018(\frac{gd}{V^2})^{0.45}}{0.13th\left[0.7(\frac{gd}{V^2})^{0.7}\right]}) \qquad (6.55)$$

式中　V——设计区域计算风速；

d——设计水域的平均水深。

对于船舶数量和船舶吨位比较大的码头港口附近的生态袋护岸结构，行船波高可以通过式（6.56）确定：

$$H_c = 2.5e^{\frac{gd}{4v_c^2}}\sqrt{\frac{\delta T}{L_c}} \times \frac{v_c^2}{g} \qquad (6.56)$$

式中　　H_c——行船引起的波高；

　　　　v_c——行船速度；

　　　　L_c——船舶长度；

　　　　δ——船舶排水量费瘠系数；

　　　　T——船舶吃水深度。

平均波周期 T 可通过式（6.57）确定：

$$T = \frac{13.9V}{g}(\frac{gH}{V^2})^{0.5}\qquad(6.57)$$

平均波长 L 可以通过式（6.58）确定：

$$L = \frac{gT^2}{2\pi}th(\frac{2\pi d}{L_0})\qquad(6.58)$$

在实际计算时，可以先假定一个有效波长的值，就会得到一个波长值；反复计算直到式（6.58）左右两边的波长值一致为止。

生态袋护岸结构护脚最大波浪流速可以通过式（6.59）确定：

$$v_{max} = \frac{\pi H}{\sqrt{\frac{\pi L_0}{g} sh \frac{4\pi d}{L_0}}}\qquad(6.59)$$

式中　　v_{max}——生态袋护岸结构护脚最大波浪流速。

对于生态袋之间无其他实际联结和锚固措施的生态袋护岸体，还应该考虑生态袋在结构体系中自适应位置调整，应该满足式（6.60）：

$$\frac{u^2}{2g(\frac{V_{sb}}{A_s})(\frac{\rho_s}{\rho_w}-1)}\leqslant C_F\qquad(6.60)$$

式中　　C_F——生态袋结构位置调整系数，可取 1.5~2。

6.2　护岸型生态袋结构范围及基本构造

内河航道和内河港口生态袋护岸结构的顶高程应分别按最高通航水位和设计高水位加 0.1~0.5 m 超高确定。不容许上浪的港口护岸，岸顶高程可按式（6.61）

确定：

$$Z_c = H + R + \Delta \qquad (6.61)$$

式中 Z_c——岸顶高程；

H——设计高水位；

R——波浪爬高；

Δ——剩余值，根据使用要求和护岸重要性确定。

正规则波，波浪爬高可按式（6.62）确定：

$$R = K_\Delta R_1 H \qquad (6.62)$$

其中：

$$R_1 = 1.24 \tan h(0.432M) + (R_{1m} - 1.029)R(M)$$

$$M = \frac{1}{m}(\frac{L}{H})^{0.5}(\tan h \frac{2\pi d}{L})^{-0.5}$$

$$R_{1m} = \frac{4.98}{2} \tan h \frac{2\pi d}{L}[1 + \frac{4\pi d / L}{\sin h(4\pi d / L)}]$$

$$R(M) = 1.09M^{3.32} \exp(-1.25M)$$

式中 K_Δ——生态袋护岸结构的糙渗系数；

R_1——糙渗系数为 1、波高等于 1 时的波浪爬高。

式（6.61）适用的条件：波浪正向作用；岸坡坡度 m 等于 1~5，岸坡前水深 d 等于 $1.5H \sim 5.0H$ 的情况。

不规则波，波浪爬高可按式（6.63）确定：

$$R_{u2\%} = \begin{cases} 1.6\gamma_f \xi_0 H_s, \xi_p < 2 \\ 3.2\gamma_f \xi_0 H_s, \xi_p > 2 \end{cases} \qquad (6.63)$$

式中 $R_{u2\%}$——累计频率为 2% 的波浪爬高；

α——坡面与水平面的坡角；

γ_f——坡面粗糙度的折减系数。

以行船波为岸坡坍塌主要原因的内河航道，防护范围在最高通航水位以上 1.5 倍波高值和最低通航水位以下 1.5 倍波高值之间确定。生态袋护岸结构断面形式示意图如图 6.11 所示。

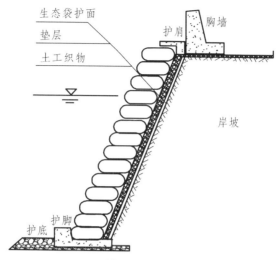

图 6.11　护岸型生态袋结构断面示意图

生态袋护岸结构护肩的宽度可以取 1~3 m, 厚度应根据使用要求确定。墙前坡肩宽度不应小于 1 m, 且至少应大于一个生态袋的实际厚度。生态袋护岸工程的护底应根据河势分析和岸坡稳定要求确定, 护底块石的厚度不宜小于 2 倍的护底块石粒径。常年的水下结构, 可不做垫层, 直接采用无纺布土工织物的反滤层; 对于水上的结构, 可以采用不低于 150 mm 厚度左右素土成垫层。

对于坡度平缓的河道边岸, 还应设置肩台, 如图 6.12 所示。肩台的垫层可以采用 100~150 mm 厚的卵、碎石层, 肩台可采用 200 mm, 强度不低于 C20 砼。

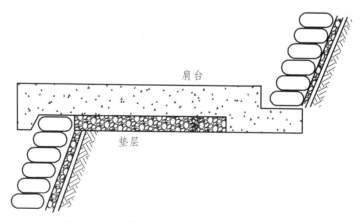

图 6.12　护岸型生态袋结构肩台断面示意图

对于墙体较大、坡度较陡、墙面承受较大流水侵蚀或者波浪压力的河道边岸, 宜采用生态袋护岸结构防护骨架堆叠法设计, 如图 6.13 所示。这类边岸用刚性防护骨架承受绝大部分坡面内外受到的各种力。防护骨架为混凝土构成，断面一般尺寸不低于 300 mm×300 mm；在防护骨架内预埋设好生态袋的连接构建，顺水流方向的梁应局部或者整体加筋。

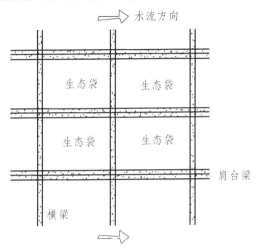

图 6.13　护岸型生态袋结构防护骨架示意图

　　尽管在生态袋护岸工程实际设计和施工中，有多种连接和加固构件，但在设计时一般不予考虑，仅作为结构安全储备。

6.3　生态袋结构面层整体抗滑稳定性设计

　　一般而言，通过式（6.1）至式（6.60）设计以后的生态袋个体满足了抗倾覆和抗滑移的有关要求。实际上生态袋结构作为一个整体，在岸坡比较陡、水压力比较大的情况下，还是可能发生生态袋面层沿着垫层面、生态袋结构垫层与倒滤层之间滑移的情况。

　　生态袋结构面层沿垫层面滑移稳定性应满足式（6.64）：

$$F_{sc} = \frac{(\gamma' D \cos\alpha - \Delta h_g \gamma_w) f_{sc}}{\gamma' D \sin\alpha} \tag{6.64}$$

式中　　F_{sc}——滑移稳定安全系数，取 1.2；

　　　　γ'——生态面层在水下的有效重度；

　　　　Δh_g——护岸结构上下的水头差；

　　　　f_{sc}——生态带面层与垫层之间的摩擦系数（在水下用水下值）。

生态袋结构垫层与倒滤层之间滑移稳定性应满足式（6.65）：

$$F_{cp} = \frac{(\gamma_{cm} D_{cm} \cos\alpha - \Delta h_g \gamma_w) f_{cp}}{\gamma_{cm} D_{cm} \sin\alpha} \tag{6.65}$$

式中　F_{cp}——滑移稳定安全系数，取 1.2；

　　　γ_{cm}——生态袋面层与垫层扣除浮力影响后的平均有效重度；

　　　D_{cm}——生态袋面层与垫层的总有效厚度；

　　　Δh_g——护岸结构上下的水头差；

　　　f_{cp}——生态袋结构垫层与倒滤层之间的摩擦系数（在水下用水下值）。

　　实际上生态袋护岸结构在护脚、肩台、护肩、胸墙等区域都设置有生态袋结构的连接构件；特别是采用防护骨架设计的生态袋护岸结构，能对生态袋结构的滑移起到直接防护作用，在设计时可以根据实际情况考虑。不考虑这些因素的影响，生态袋结构设计偏于安全。

6.4　胸墙的抗滑、抗倾稳定性设计

6.4.1　胸墙抗滑稳定计算

　　当波谷作用时胸墙沿墙底抗滑稳定性可按式（6.66）计算：

$$\gamma_0(\gamma_E E_H + \gamma_p P_B) \leqslant \frac{(\gamma_G G + \gamma_E E_V + \gamma_u P_{Bu}) f}{\gamma_d} \tag{6.66}$$

式中　γ_0——结构重要系数，可取 0.9~1.0；

　　　γ_E——主动土压力分项系数；1.25~1.35；

　　　E_H，E_V——计算面以上永久作用总主动土压力的水平分量标准值和竖直分力标准值，kN；

　　　γ_p——波浪水平力分项系数，持续的取 1.3，短暂的取 1.2；

　　　P_B——波谷作用时计算面以上水平波吸力的标准值，kN；

　　　γ_G——自重力分项系数，取 1；

　　　G——胸墙或者防浪胸墙自重力的标准值；

　　　γ_u——波浪托力分项系数，持续的取 1.1，短暂的取 1.0；

　　　P_{Bu}——波谷作用时计算面以上波浪托浮力的标准值，kN；

　　　f——沿计算面的摩擦系数设计值；

　　　γ_d——结构系数，取 1.1。

当波峰作用时胸墙沿墙底抗滑稳定性可按式（6.67）计算：

$$\gamma_0 \gamma_p P_H \leqslant \frac{(\gamma_G G + \gamma_p P_V - \gamma_u P_u)f + \gamma_{Ep} E_{pH}}{\gamma_d} \qquad (6.67)$$

式中　P_H，P_V——波浪作用时，作用在胸墙地面以上的水平分量标准值和竖直
　　　　　　　　分力标准值，kN；

　　　P_u——作用在墙底面上的波浪托浮力的标准值，kN；

　　　γ_{Ep}——被动土压力分享系数；

　　　E_{pH}——墙底面埋深大于或等于 1 m 时，墙内侧被动土压力，可按有关
　　　　　　公式计算折减 0.3 作为标准值，kN；

　　　γ_d——结构系数，取 1.0。

6.4.2　胸墙抗倾覆稳定计算

当波谷作用时胸墙前趾的抗倾稳定性可按式（6.68）计算：

$$\gamma_0(\gamma_E M_{EH} + \gamma_p M_{PB}) \leqslant \frac{(\gamma_G M_G + \gamma_E M_{EV} + \gamma_u M_{pBu})}{\gamma_d} \qquad (6.68)$$

式中　M_{EH}，M_{Ev}——计算面以上永久作用总主动土压力的水平分量标准值和竖
　　　　　　　　直分力标准值对计算前趾的倾覆力和稳定力矩，KN·m；

　　　M_{PB}——波谷作用时波浪作用力的标准值对计算面前趾的倾覆力矩，
　　　　　　KN·m；

　　　M_G——胸墙或者防浪胸墙自重力的标准值对计算面前趾的稳定力矩；

　　　M_{pBu}——波谷作用时计算面以上波浪托浮力的标准值对计算面前趾的稳
　　　　　　定力矩，KN·m；

　　　γ_d——结构系数，取 1.4。

当波峰作用时，对胸墙后趾的抗倾覆稳定性可按式（6.69）计算：

$$\gamma_0(\gamma_p M_{PH} + \gamma_u M_u) \leqslant \frac{(\gamma_G M_G + \gamma_{Ep} M_{EpH})}{\gamma_d} \qquad (6.69)$$

式中　M_{PH}——波峰作用时，波压力标准值对计算面后趾的倾覆力矩；

　　　M_u——波峰作用时，作用在计算面上的波浪浮托力标准值对计算面后趾
　　　　　　的倾覆力矩；

　　　M_{EpH}——被动土压力标准值对计算面后趾的稳定力矩，KN·m；

　　　γ_d——结构系数，取 1.5。

6.5 生态袋护岸结构设计的耐久性考虑

河道防护工程通常设计寿命为 50~70 年，在此期间可能会要求维修。要准确估算土工材料的使用期限是很困难的，不同的加载条件和现场条件，一般认为 50 年的使用期限是可能的。

6.5.1 抵抗损坏的能力

河岸暴露在外面的生态袋材料，被损坏是不可避免的，这极大地影响生态袋结构的耐久性。主要是洪水时的固体漂浮物、竹竿等坚硬物体导致的意外损坏，以及小刀割裂等人为故意损坏。一般认为，土工织物延伸率越大，受到意外损坏的可能性就越小。试验证明，提高土工材料的抗冲击能力，可以有效地减少各种土工织物的意外损坏；对于土工织物来讲，提高 CBR 强度以及伸长量，可以增加材料的抵抗意外损坏的能力。

对于那些故意损坏的行为，可以采用双层土工织物的形式。外层由粗糙的纤维构成，外层土工纤维会网住水中的泥沙，进一步提高损坏的能力；即使外层被损坏，内层还是可以起到维持结构稳定的作用。试验表明，外层粗糙的纤维的材料面密度越大，捕获泥沙的能力就越强，其抵抗损坏的能力也越强。

6.5.2 抵抗紫外线作用强度退化问题

通常土工织物都被埋在地下，起加筋、排水或者分隔作用；材料暴露在空气中的时间也就施工期间的 1~2 个月。而生态袋护岸结构水上部分会长期暴露于空气中，考虑到丰水期和枯水期水位的影响、生态袋表面俘获的泥沙保护以及生态袋表层植被的覆盖，考虑 2 年后强度退化是很必要的。一般认为暴露在野外 2 年后强度保持率在 80%以上的土工织物，用于河道边岸防护是合理的。

6.5.3 生态袋材料的耐磨性

水流中的泥沙不可避免的会对生态袋材料进行磨蚀，长期的磨蚀作用对生态袋结构安全性造成重大的影响。按照水流速度 1 m/s、泥沙主要集中在 6~9 月，生态袋结构设计寿命为 50 年计算，生态袋材料输沙距离超过 50 万 km。目前最好的办法是针对生态袋材料用于沿海和航道设计转筒磨蚀试验。根据工程实际流速、泥沙含量等的使用条件，8 万次循环后强度保持率在 70% 以上的可以用于河道边岸防护。实际上根据国内的几个现场试验段表明，采用粗糙度较大的土工织物面料生产的生态袋，表层并没有受到磨蚀。

6.5.4 生态袋填料的选择

不同类型的实际工程，填料最佳填充度略有不同，通常采用极限填充程度的 80%~85% 作为最佳填充程度。生态袋中填料的长期保留量，对于生态袋结构的长期稳定性具有重要的意义。由于生态袋结构长期受到水流的拍打和冲击，水流会渗入袋体内，改变填土的性质，带走部分黏粒；由于水流的长期作用，可能会改变生态袋材料的渗水保土性能。生态袋材料和填料的选择时，应以填料重量能长期保持在 95% 以上为佳，水流不能在生态袋中形成稳定的渗流路径。一般生态袋材料等效孔径 O_{95} 在 0.1~1 mm 之间，而不少种类填土的有效粒径 d_{10} 甚至限制粒径 d_{60} 均小于 0.1 mm。对于流速小、季节性淹没入水中的生态袋结构，选择合理的施工时间，植被根系固土作用可以阻止土壤流失；对于流速大、长期淹没入水中、植被恢复困难的生态袋结构，可以选用碎石、砂土填充；对于流速大、水位波动大、植被可能恢复的区域，生态袋可以采用双层双腔型的生态袋，如图 6.14 所示。内腔 C2 里面填充植被生长的基质、外腔 C1 里面填粗砂、碎石等增加结构水稳定性并防止填料流失。

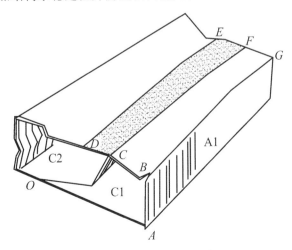

图 6.14 双腔型生态袋示意图

6.5.5　生态袋护岸结构植被的选择

　　规格不同，生态袋护岸结构可以提供的根植土厚度不同，但基本都在 0.30 m 以上，可以为草本和木本植物生长提供良好的土壤环境。内粘播方式为护岸边坡的最佳绿化方式，选择对周围环境危害小、抗病虫害强、易于成活且根系发达、能耐水淹的乡土植被。为了节省播种的费用，保证出草率和长期的出草效果，可以直接把草种粘在袋子内侧的夹层里。不宜使用豆科草种，因为豆科种子难以穿透袋体夹层。灌木种子可在生态袋固定好之后塞进生态袋内客土之中；塞入生态袋内的乔木和灌木种子，其在客土中的深度以 2~3 cm 为宜。如有必要也可以采用压播方式，在生态袋间压入枝条、藤状类植物。

6.6　本章结论

　　（1）生态袋护岸结构的设计范围在最高通航水位以上 1.5 倍波高值和最低通航水位以下 1.5 倍波高值之间确定。坡缓的地方，可以设置肩台或者马道；对于坡度较陡、墙面承受较大流水侵蚀或者波浪压力的河道边岸，应采用生态袋护岸结构防护骨架堆叠法设计。

　　（2）在生态袋护岸结构的设计时主要考虑单个生态袋的抗滑出和倾覆稳定，据此确定单个生态袋的重量以及有效厚度。应考虑波浪作用下生态袋变形对结构稳定性的影响。还要重视整个生态袋面层抗滑稳定，认真选择合理的生态袋、垫层以及倒滤层材料。

　　（3）在护岸结构设计时，尽可能选用提高 CBR 强度大、伸长量、野外暴露 2 年后强度保持率在 80% 以上的土工织物，在水流冲击力大、泥沙磨蚀比较厉害的河道，只能选用面密度大的粗纤维材料。

7 植被根系对生态袋护坡结构安全稳定性的影响分析

植被根系在土中分布的密度自表面向下逐渐减小，逐渐细弱；对于草本植被，98%的根量分布在 0~70 cm 的土层范围。植被根系在其影响范围内，根系与填土组成的根-土复合材料，能改善填土的性质。通常压实后的生态袋有效高度和厚度均小于 70 cm，所以植被的根系也必然对生态袋护坡结构的安全稳定性产生一定的影响。本章主要研究草本植被根系特征、根土复合土的渗透性、栽种根系对生态袋结构的加固机理

7.1 植被根系对土体岩土力学性能的影响研究

选用三峡库区常见、对环境有很强的适应性的茅草、狗牙根、空心莲子草、看麦娘等植物作为研究对象。取样时以被采集植物为中点，用铁锹先将直径 100 cm 范围划定为挖掘对象，剪去地上部分，去除表层浮土，沿划定范围将周围土体挖去，形成直径 50 cm、深度不小于 50 cm 的圆柱体，用自制的直径 30 cm、高 30 cm 的圆柱状取土器将土样罩住，沿取土器上下层边缘切取，塑料布封口，每种植物取样 30 份。将植被根系洗净，晾干，用电子天平称量，用 LA-S 根系分析系统分析完整的单根形态特征。

7.1.1 根系特征分析

由图 7.1 可以分析出，狗牙根根系几乎不存在大于 4 mm 的根系，绝大部分根系根径均小于 2 mm。

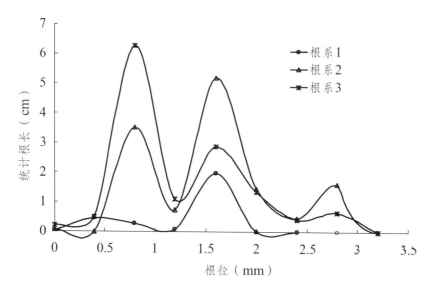

图 7.1　狗牙根单根根径与统计根长关系图

由图 7.2 可以分析出，看麦娘绝大部分根系根径均小于 2 mm。

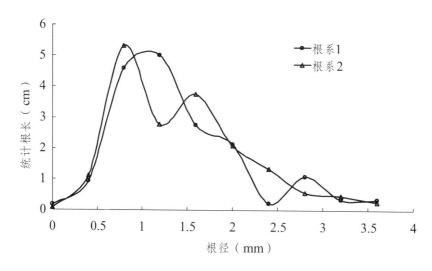

图 7.2　看麦娘单根根径与统计根长关系图

由图 7.3 可以分析出，茅草绝大部分根系根径均小于 3 mm。

由图 7.1 至图 7.3 可知，以上植被的根系，几乎 99% 的根系直径小于 3 mm；直径小于 2 mm 的根系占绝大多数。一株植被有几十条甚至上百条根系，可见一株小小的草本植被地下有强大的根系网络。

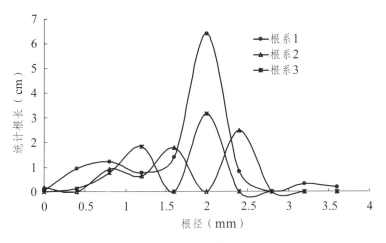

图 7.3　茅草单根根径与统计根长关系图

7.1.2　根土复合体系渗透性分析

采用变水头试验装置测定根土复合体渗透系数，共 84 个试样。采用公式（7.1）计算根土复合体渗透系数。

$$k_{\mathrm{T}} = 2.3 \frac{aL}{A(t_2 - t_1)} \lg \frac{H_1}{H_2} \qquad (7.1)$$

式中　a——变水头管的断面积，cm^2；

　　　2.3——ln 和 lg 的变换因数；

　　　l——渗径，即试样高度，cm；

　　　t_1，t_2——测读水头的起始和终止时间，s；

　　　H_1，H_2——起始和终止水头。

由图 7.4 可知，由于取样点土质不同，根土复合体渗透系数差别也较大。但对于同一种植被，根土复合体渗透系数随含根量的增加而增大。

7.1.3　根土复合体抗剪强度

采用烘干法测定土样的含水量；先称下块原状土样的湿土质量，然后置于烘干箱内维持 100~105 ℃烘干到质量恒定，再称干土质量。共取 3 个土块，土样含水量测值如表 7.1 所示。

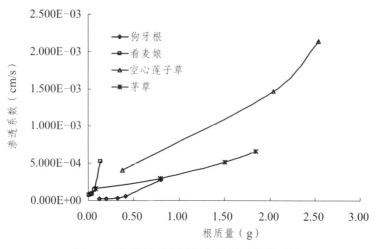

图 7.4　植被根系根质量与渗透系数关系图

表 7.1　土样含水量测定值记录表

编号	盒质量（g）	盒加土质量（g）	盒加干土质量（g）	水质量（g）	土粒质量（g）	含水量
973	22.37	45.26	41.23	4.03	18.86	0.21
964	22.37	54.82	49.41	5.41	27.04	0.20
829	22.38	46.39	42.25	4.14	19.87	0.20

　　采用无级变速四联剪应变控制式直剪仪，用快剪试验测定原状土样（含少量须根）的抗剪强度，有效土样共 2 组 8 个。通过试验，土样抗剪强度测值如图 7.5 所示。快剪实验得到土样黏聚力约为 29 kPa，内摩擦角为 35° 左右。同时，

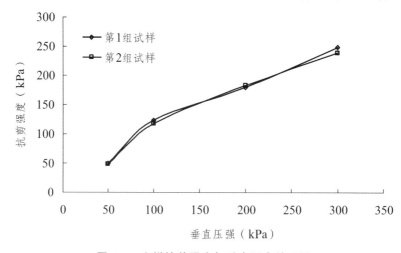

图 7.5　土样抗剪强度与垂直压力关系图

用同样的方法测得该土样无根重塑土（含水量 0.20）的快剪强度指标为黏聚力 20.7 kPa，内摩擦角 25°。可见根系能够在一定程度上增加土样的强度指标。

7.2 栽植根系与填土作用机理

黏性基质层的厚度根据实际情况有所不同，一般为 20~70 cm。由于黏性基质层是预定栽植的场地，该层土体具有大量的养料和有用的土壤团粒结构，有利于栽植根系的发育。植被根系对生态袋结构的影响仅仅是在其根系所能扎进的范围以内。生态袋结构的有效厚度一般也在几十公分，一般而言，影响区域主要是在其黏性基质层。

7.2.1 根系的加筋作用

植被根系在土中分布的密度自地表向下逐渐减小，逐渐细弱。在根系盘结范围内，边坡土体可看作由土和根系组成的根-土复合材料。无根系时，土颗粒可能存在较大孔隙；有根系作用时，随着根系的不断生长，增加了根系与基质的接触面积，提高了摩擦阻力；根系对黏性基质产生轴压力，使黏聚力、剪胀力和摩擦力增加；有些颗粒挤入原来的孔隙，而引起土结构的密实，如图 7.6 所示。由于黏性基质土中，为避免团粒遭到破坏，不会使用重型机械压实，所以根系对基质层影响较大。从这个意义上来说，根系的作用不只增大了土的黏聚力，还在一定程度上影响了填土的内摩擦角。

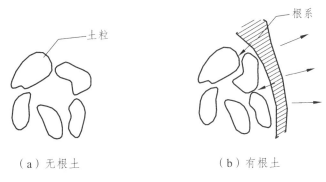

（a）无根土　　　　　　　　　（b）有根土

图 7.6 根系与土体的相互作用

根系如同纤维的作用，因而可按加筋土的原理分析边坡土体的应力状态，即把土中根系的分布视为加筋纤维的分布，为三维复合加筋。这种加筋为土层提供了附加"黏聚力"Δc，它一方面使土体的抗剪强度向上推移了距离 Δc，另一方面又因限制了土体的侧向膨胀而使 σ_3 增大到 σ_3'，在 σ_1 不变的情况下使最大剪应力减小，这两种作用使砌体结构的稳定性得到提高，如图 7.7 所示。

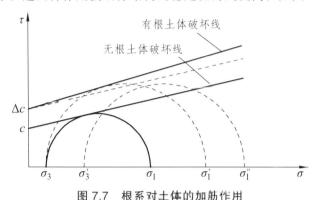

图 7.7　根系对土体的加筋作用

如图 7.8 所示，假定根的延伸方向与剪切面法线之间的夹角为 i，根延剪切方向平移 x，剪切区厚度为 H。在剪切面，由于根的加筋作用所增加的土体的抗剪强度 τ_R 为

$$\tau_R = T(\sin\theta + \cos\theta\tan\phi) \tag{7.2}$$

简单的几何推理易得：

$$\theta = \arctan(\frac{x}{H} + \tan i)$$

式中　τ_R——单位面积上由于根的加筋作用所增加的土体的抗剪强度；

　　　T——单位面积上根系的抗拉力，取根系的抗拉强度与根系锚固力中的较小值；

　　　φ——土体内摩擦角。

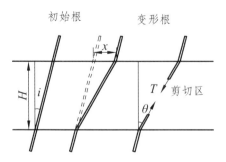

图 7.8　单根与土体相互作用模型

7.2.2 根系的锚固力

栽植根系可扎入土体的深层，与周边土体的摩擦作用把根系与周边土体联系起来，结合其根系分布特点，可以把根系简化为以主根为轴、侧根为分支的全长联结型锚干来分析其对周边土体的力学作用。其锚固力的大小可通过计算各根系与周边土体的摩擦力和根系与土体之间的咬合力累加而得，即

$$T_s = T_m + T_y \qquad\qquad (7.3)$$

式中　T_s——单位面积上根系在基土剪切面上的锚固力；

　　　T_m——单位面积上基土剪切面法向上根系与土之间的摩擦力；

　　　T_y——单位面积上根系与土体之间的咬合力。

对于生态袋面层 h 深度处的任意根段 $\mathrm{d}l$，根段表面单位面积上所受到的正压力为 γh（其中，γ 为土的自然容重）；令根-土间的静摩擦系数为 μ，相应的最大静摩擦力为 $\mu\gamma h$。则根段 $\mathrm{d}l$ 所受静摩擦力为

$$\mathrm{d}f = A \cdot \mu\gamma h = 2\pi r \cdot \mu\gamma h \cdot \mathrm{d}l \qquad\qquad (7.4)$$

式中　　r——根段半径；

　　　A——根段表面积；

$$A = 2\pi r \cdot \mathrm{d}l$$

$\mathrm{d}f$ 在剪切面法向上的投影分量可近似表示为

$$\mathrm{d}f_n \approx 2\pi r \cdot \mu\gamma h \cdot \mathrm{d}h \qquad\qquad (7.5)$$

任意根段所受的最大静摩擦力在剪切面法线方向的分量与根伸展的倾斜状态（θ 角）无关。对于整个根系，若令根的平均半径沿深度 h 方向的分布函数为 $\bar{\gamma} = P(h)$，根数目沿深度 h 方向的分布函数为 $N = Q(h)$，则在地下 $h \sim h + \mathrm{d}h$ 范围内，根系的最大静摩擦力在剪切面法向的分量为

$$\sum \mathrm{d}f_m = 2\pi\mu\gamma \cdot P(h) \cdot Q(h) \cdot h \mathrm{d}h \qquad\qquad (7.6)$$

单位面积上 h 深度根系的总的最大静摩擦在剪切面法向上的分量为

$$T_m = 2\pi\mu\gamma \cdot \int_h^{h_e} P(h) \cdot Q(h) \cdot h \mathrm{d}h \qquad\qquad (7.7)$$

式中　h_e——根系铅垂方向的最大埋深。

由于根系在地下不断分岔，受力机理类似于三维网状加筋。根系分岔处，当其受拉时，每根根系的前沿将支撑土体，产生咬合力 T_y。根系前缘的咬合力使土体中产生剪应力和拉应力，会引起土体剪胀效应。令分岔数目沿深度 h 方向 $h \sim h + dh$ 范围内的分布函数为 $M = I(h)$。则在地下 $h \sim h + dh$ 范围内，根系的咬合力的分量为

$$\sum df_y = \sigma_y(h) \cdot dA_y(h) \qquad (7.8)$$

式中　$\sigma_y(h)$——沿深度 h 方向根系前侧面支承应力；其大小可由修正的普朗特尔公式计算：

$$\upsilon_y(h) = \bar{C}(h)N_c + K_0\sigma(h)N_q \qquad (7.9)$$

式中　$C(h)$——沿铅垂方向 h 深度位置土的黏聚力；

$\sigma(h)$——沿铅垂方向 h 深度位置土受到的法向应力；

K_0——静止土压力系数，$K_0 = 1 - \sin\phi'$，可以认为根系-土作用区土体处于静止土压力状态；

N_c，N_q——承载力系数，可按下式计算：

$$N_q = \exp[\pi\tan\phi]\tan^2(\frac{\pi}{4} + \frac{\phi}{2})$$

$$N_c = \cot\phi(N_q - 1)$$

$dA_y(h)$——沿深度 h 方向 dh 深度内根系前侧面抗拔受力面积。

$$dA_y(h) = [2\sum_{i=1}^{I(h)}\sum_{k=1}^{M(i)} P(h)/\cos(\theta_{(k,i)})]dh \qquad (7.10)$$

$\theta_{(k,i)}$ 为深度 h 方向 $h \sim h + dh$ 范围内第 i 个分岔处第 k 条相对于基土剪切面法向的夹角。

$$T_y = 2 \cdot \int_h^{h_e} \sigma_y(h) \cdot \sum_{i=1}^{I(h)}\sum_{k=1}^{M(i)} P(h)/\cos(\theta_{(k,i)}) \, dh \qquad (7.11)$$

实际上，在一定深度处，若根系所产生的咬合力大于该处根系的抗拉强度，该根系将在该处被拉断。也就是说，当某根段的咬合力大于抗拉强度时，应以抗拉强度值代替该处的咬合力值。以上各参数可以根据试验测定，统计分析得到。

7.3　栽植根系对生态袋结构的加固作用

采用混播或者内黏播的种植方式，选种得当、施工得当，2~3 周内植被就可以发芽，3~6 个月，植被的茎叶就会覆盖到结构的表面，几乎看不到生态袋的痕迹。而植被的根系也会快速生长，钻出生态袋，深入相邻的生态袋的填土或者生态袋后的基土中，如图 7.9。生态袋结构界面中的植被根系，可增加生态袋结构面层、面层与基土层的整体性。

图 7.9　生态袋面层界面中的植被根系

7.3.1　根系的生态袋挡土结构整体安全系数的影响

条分发是边坡稳定分析中古老而简单却又常用的方法。以瑞典圆弧法为例，设满足瑞典圆弧法的一切假定。加筋生态袋结构(如图 7.10 所示)整个滑裂面 AB 上的平均安全系数 F_s 定义为沿整个滑裂面的抗剪强度 τ_f 与实际产生的剪应力之比，即

$$F_s = \frac{\tau_f}{\tau}$$

（7.12）

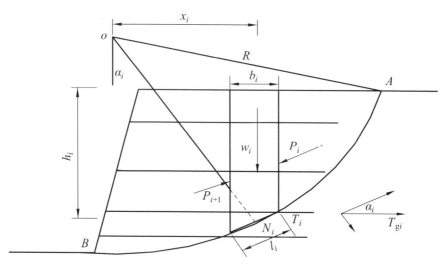

图 7.10 挡土结构系统瑞典法示意图

图中 p_{i+1} 为作用于土条两侧的条间力合力,其方向和土条底部平行;N_i 和 T_i 分别为作用于土条底部的总法向反力和切向阻力;土条底部的角度为 α_i,长为 l_i,R 则为滑裂面圆弧的半径。

根据莫尔库仑准则,滑裂面 AB 上的土体平均抗剪强度为

$$\tau_{\text{f}} = c' + (\sigma - u)\tan\phi' \qquad (7.13)$$

式中 σ——法向总应力;

u——孔隙应力;

c',ϕ'——有效抗剪强度指标。

现取土条底部法线方向力的平衡,可得

$$N_i = w_i \cos\alpha_i + T_{gi} \sin\alpha_i \qquad (7.14)$$

$$T_{gi} = 2Cl_{gi}\gamma_i h_{gi} \tan\phi$$

式中 T_{gi}——挡土区拉筋的极限拉结力,计算值大于拉筋抗拉强度时,取拉筋的抗拉强度值计算;

C——拉出时的相互作用系数;

γ_i——填土容重;

l_{gi}——第 i 层拉筋滑动区外锚固区的长度;

h_{gi}——第 i 层拉筋以上填土的平均厚度,如图 7.11 所示。

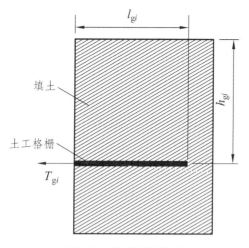

图 7.11　拉筋的拉结力

同时，各土条（和涉及的加筋）对圆心的力矩和应为零，即

$$\sum w_i x_i - \sum T_i R - \sum T_{gi} R \cos \alpha_i = 0 \qquad (7.15)$$

根据满足安全系数为 F_s 时的极限平衡条件，该土条底部的切向阻力 T_i 为

$$T_i = \tau \, l_i = \frac{(\tau_f + \tau_{Ri})}{F_s} l_i = \frac{(c_i' + \tau_{Ri}) l_i}{F_s} + (N_i - u_i l_i) \frac{\tan \phi_i'}{F_s} \qquad (7.16)$$

式中　τ_{Ri} ——第 i 个土条滑面由于根系加筋作用所增加的土体的抗剪强度，相当于该土条提供的附加"黏聚力"；当植被根系没有深入该土条时滑弧面，$\tau_{Ri} = 0$。

而 $x_i = R \sin \alpha_i$，将式（7.16）带入式（7.15），移项化简易得

$$F_s = \frac{\sum [(c_i' + \tau_{Ri}) l_i + (w_i \cos \alpha_i + T_{gi} \sin \alpha_i - u_i l_i) \tan \varphi_i']}{\sum w_i \sin \alpha_i - T_{gi} \cos \alpha_i} \qquad (7.17)$$

由于栽植根系存在，加筋砌体结构增加的安全系数为

$$\Delta F_s = \frac{\sum \tau_{Ri} l_i}{\sum w_i \sin \alpha_i - T_{gi} \cos \alpha_i} \qquad (7.18)$$

根系在生态袋结构面层生长，在根系影响范围内会提高根-土复合体的抗剪

强度。根-土复合体剪切面上草本植被根纤维面积一般占比为 0~1.7%；随着根纤维量的增加，抗剪强度也会随之增大；根-土复合体的黏聚力一般会增大 1.7~8.3 kPa。

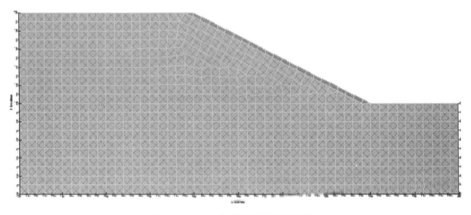

图 7.12　生态袋结构计算模型

采用岩土工程分析软件 GEO-SLOPE，模拟根系对生态袋结构整体安全稳定性的影响。如图 7.12 建立模型，模型尺寸为：长 50 m，高 20 m；生态袋结构长 20 m，高 10 m；结构面层有效厚度 1 m，高度 0.5 m。边界条件为：模型底边竖直和水平位移均约束，模型侧边水平位移约束。边坡土体采用指标为黏聚力 12 kPa，重度取 19 kN/m²，内摩擦角 25°，泊松比取 0.33；生态袋面层采用指标为黏聚力 20 kPa，重度取 19 kN/m²，内摩擦角 25°，泊松比取 0.33。为了简化计算过程，将植被根系对结构的加固作用考虑成增加了黏聚力。模型计算结果表明：随着根系的加密，边坡安全系数增加，但这种增加的趋势是递减的，当土层中的根量增加到了一定程度，对整体稳定性几乎不再有贡献，如图 7.13 所示。

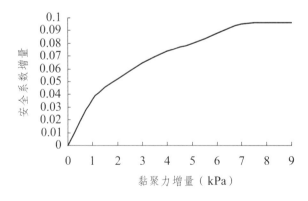

图 7.13　生态袋结构整体安全系数增量与黏聚力增量的关系

7.3.2 根系对生态袋结构局部稳定性的影响

由于含根土的黏聚力明显增大，内摩擦角也有明显的增强，所以根系的存在必然影响生态袋结构的局部稳定性。

7.3.2.1 根系能增加结构面层之间的抗剪力

无植被根系时生态袋之间的抗剪力由式（5.17）计算；当有植被根系时，生态袋之间的抗剪力可以表示为

$$V_{ur(n)} = a_u + A_{inr}\tau_r + W_w \tan\lambda'_u \qquad (7.19)$$

式中　　A_{inr}——生态袋界面上植被根系的面积；

$\quad\quad\quad\tau_r$——根系的抗剪强度；

$\quad\quad\quad\lambda'_u$——存在植被根系后生态袋之间的摩擦角，与原$\lambda_u$比较略有增大。

无植被根系时第 n 层加筋以上的外部土压力由式（5.18）计算；当有植被根系时，第 n 层加筋以上的外部土压力可以表示为

$$P'_{ar(n)} = [0.5\gamma_r H_{t(n)}^2 + (q_L - \tau_r)H_{t(n)}]K_{arf}\cos(\delta_e - \omega) \qquad (7.20)$$

植被根系生态袋结构，沿着第 n 层加筋的抗滑稳定安全系数 $FS_{sl(n)}$ 可由式（7.21）计算：

$$FS_{sl(n)} = \frac{(R'_{s(n)} + a_u + A_{inr}\tau_r + W_w \tan\lambda'_u)}{[0.5\gamma_r H_{t(n)}^2 + (q_L - \tau_r)H_{t(n)}]K_{arf}\cos(\delta_e - \omega)} \qquad (7.21)$$

由于根系的存在，生态袋之间的抗剪力得到增加，外部土压力在一定程度上有所降低，显然根系能够增加生态袋结构面层的抗剪能力。

7.3.2.2 根系能增加结构面层与基土之间的整体性

如果根系能够深入生态袋后的基土中，必将能增加面层和基土层的联结；在有拉筋的位置，由于根系的生长，第 n 层拉筋与生态袋之间的连接强度可以

表示为

$$T_{conn(n)} = a_{cs} + A_{sir}\tau_r + W_{W(n)} tg\lambda_{cs}'$$ （7.22）

式中　A_{isr}——生态袋根系与第 n 层拉筋缠绕的根系面积；

　　　λ_{cs}'——存在植被根系后生态袋与拉筋之间的摩擦角，与原 λ_{cs} 比较略有增大。

无根系时，第 n 层加筋所承担的土压力 $F_{g(n)}$ 应由式（5.11）计算，当存在根系时，第 n 层加筋所承担的土压力可由式（7.23）计算：

$$F_{g(n)} = (\gamma_i D_{(n)} + q_L - \tau_r) K_{afb} \cdot A_{c(n)} \cos(\delta_i - \psi)$$ （7.23）

考虑植被根系影响，沿着第 n 层加筋与生态袋之间的连接安全系数：

$$FS_{cs(n)} = \frac{a_{cs} + A_{sir}\tau_r + W_w \tan\lambda_{cs}'}{(\gamma_i D_{(n)} + q_L - \tau_r) K_{afb} \cdot A_{c(n)} \cos(\delta_i - \psi)}$$ （7.24）

由于根系的存在，生态袋与拉筋之间的连接强度得到加强，而每层拉筋所应承担的土力学有所降低，所以根系能够增加生态袋结构的整体性。

7.3.2.3　根系能增加结构顶部无筋部分的安全性

由于生态袋结构墙面倾斜、粗糙、填土表面有时候倾斜，所以应采用库仑理论的有关理论来分析，在植被根系影响范围内，根据土压力相等的有关原理，可以得到等值内摩擦角 ϕ_D 的有关等式：

$$\tan(45° - \frac{\phi_D}{2}) = \tan(45° - \frac{\phi}{2}) - \frac{2(c + \tau_r)}{rH}$$ （7.25）

根据式（7.25）可知，当 τ_r 增大时，等效内摩擦角也增大，从而减小水平方向的土压力。由于生态袋结构背面土压力的减小，根据生态袋结构设计时的基本方法，可以适当将顶层拉筋下移。当然，对于已经完工了的生态袋结构，由于植被根系的作用，肯定能增加顶部无筋部分的安全性。

尽管根系的直径小，可能所在的作用面积仅占 0~1.7%，但由于根系抗剪强度 τ_r 比较大，所以根系对生态袋结构局部稳定性起着举足轻重的作用。合理栽种能将部分局部稳定安全系数增加 50%以上。

7.4 本章结论

（1）草本植被的根系，几乎 99% 的根系直径小于 3 mm，直径小于 2 mm 的根系占绝大多数。一株植被有几十条甚至上百条根系，可见一株小小的草本植被地下有强大的根系网络。对于同一种土质、同一种植被，根-土复合体渗透系数随含根量的增加而增大。根-土复合体的抗剪强度指标也比同种无根重塑土有所增大。

（2）在根系盘结范围内，边坡土体可看作由土和根系组成的根-土复合材料。无根系时，土颗粒可能存在较大孔隙；有根系作用时，随着根系的不断生长，增加了根系与基质的接触面积，提高了摩擦阻力；根系对黏性基质产生轴压力，使黏聚力、剪胀力和摩擦力增加；根系的作用不只增大了土的黏聚力，还在一定程度上影响了填土的内摩擦角。

（3）可以把根系简化为以主根为轴、侧根为分支的全长联结型锚干来分析其对周边土体的力学作用。锚固力的大小可通过计算各根系与周边土体的摩擦力和根系与土体之间的咬合力累加而获得；若根系所产生的咬合力大于该处根系的抗拉强度，该根系将在该处被拉断，应以抗拉强度值代替该处的咬合力值。以上各参数可以根据试验测定，统计分析得到。

（4）在根系较粗、纵横交错密度较大、分岔较多的基土层，植被根系对挡土结构的稳定性作用非常突出，将会加大该系统的整体安全系数。据计算，随着植被的生长，结构的安全系数能增加 3%~5%，最高接近 10%。根系密度越大，入土越深，结构的安全系数越大；但这种趋势是减弱的。尽管根系的直径小，可能所在面积不到 1.7%，但由于根系抗剪强度 τ_r 比较大，所以根系对生态袋结构局部稳定性起着举足轻重的作用。合理栽种能将部分局部稳定安全系数增加 50% 以上。

8 生态袋护坡结构施工方法

生态袋挡土、护坡结构施工应依靠完整和准确的现场勘察资料，合理地计划和安排，使用规定的材料，符合规范的设计，合理的施工步骤。施工方应向业主方提供生态袋面积质量、断裂强度、延伸率、CBR 顶破强度等基本材料参数，以及生态袋之间摩擦系数、拉出时的最小抗拉力等有关检验报告或实验部门资料；并向业主提交实验测得的填土和排水骨料的最大干密度值和现场压实度报告，证明现场的压实施工满足设计要求。

8.1 清理场地

8.1.1 基线与水准点设置

施工基线应选择通视条件好、不易发生沉降和位移、受施工及其他影响较小的地点，便于施工期间的检查和校核。施工水准点也应选择在不易发生沉降和位移、受施工及其他影响较小的地点，在高、低水位均便于测量生态袋结构各部位；设点不少于两个，并设在不同标高处。依据设计图纸和现场工地实际情况，准确地确定生态袋结构墙体的平、立面位置，以满足施工的要求。

8.1.2 开挖与削坡

施工前，应进行断面测量，并布设断面控制标志。施工前还应与当地的公用设施部门联系，以确保挖方工作不对地下管线和周围建筑物、环境等造成影响和破坏，必要时应采取防护措施。

挖掘平整建筑场地，应尽量避免超挖并确保开挖后的安全坡度，使整个建筑场地可以展现在结构设计图上面。对于那些附近有建筑物且需开挖形成的墙体的施工，应考虑在施工过程中不造成对周围结构的地基承载力的影响。一般不要破坏掉其他基石的原材料。挖方弃土应保证开挖边坡的稳定性。注意把挖掘的材料放在一个方便的地方，这些材料可用于填充生态袋。

8.2　基础施工

8.2.1　生态袋挡土结构基础施工

8.2.1.1　地基施工

对于对面层沉降、变形要求不是很严格的生态袋结构，其基底无须是平面，只要有一个大体基底平面即可。施工也较为简单，表面浮土被搬走并适度整平，就可以放置底层的生态袋，埋深为1/8坡高。若地基土中含水量较高，在基础施工前应做好排水措施。当地基表层 30 cm 范围内含水量降低到最佳含水量+4%时，用中拖翻拌、碾压；生态袋挡土结构的基础包括直接与生态袋接触部分和生态袋后填土中有土工格栅的范围。

对于直接与生态袋接触部分，需要其具有较高承载力和较小变形，以保证护坡结构的稳定和外观平顺。通常该部分采用灰土回填地基、碎石回填地基甚至素混凝土地基，或者简单的地基处理，厚度 200~300 mm。生态袋后填土中有土工格栅范围的地基一般仅需要在地基土含水率不高于最优含水率+4%的条件下碾压到压实度高于80%即可。

8.2.1.2　垫层施工

具有排水功能的建筑废料或者矿渣均可作为垫层材料。垫层的压实应用板式压实设备，且压实度需达到该材料最大干密度的 90%。在施工前应试验确认垫层材料对填充后的生态袋不会造成损坏。垫层的厚度不应小于 150 mm，垫层侧边距邻近墙趾和墙踵至少 150 mm，基础深入地表以下 50 cm 以上为宜。通常在生态袋面层与垫层之间宜设置有分隔作用的土工布，以防止基底土颗粒的流失。

8.2.2　生态袋护岸结构基础施工

护岸的护底和护脚应根据设计的要求，施工能力和自然条件等分层分段施工。如采用抛石护底的范围和厚度应满足设计要求。施工生态袋护坡之前原坡面外观必须整理平顺。在开挖过程中应检查原坡面土是否满足或超过设计对该土质的要求，若场地土质较差，不好压实或整平，则可用一层碎石垫层。整平好的表面上不能走人或仪器，否则会影响其平整度。

码放生态袋之前必须铺设符合当地土质要求的反滤土工布，最好用编织的土工布。土工布在大多数情况下能代替碎石过滤层，但是生态袋面层承受波浪荷载时碎石垫层就不能省略。土工布允许水渗出来，同时又防止发生地基土的管涌现象。在土基上尽量避免两张土工布的搭接，若必须搭接重叠部分不少于50 cm。

8.3 生态袋结构施工

8.3.1 生态袋的充填

生态袋中填充的土壤是植物生长发育的基地，对植被具有涵养作用和支撑作用，并在稳定和缓冲环境变化方面起着重要作用，为了减少处理和运输成本，尽可能就地取材。可以通过现场试验确定装填土后袋体的体积。不同类型的袋体、不同领域的工程运用，最佳填充度略有不同。若通过式（2.1）计算生态袋填充后的体积，由实验室确定压缩填充土压实后的重度，可以通过控制单个袋体的重量，即袋体中土的密度来控制袋中土的填充度。一般以植被恢复为目的的简单工程生态袋结构，在人工充填时，以极限填充程度的 85%作为理想填充程度，是合适的。填充好后，可以用特制的拉扣，采用手工或者工业用手提缝纫机，扎好口带。

8.3.2 生态袋结构的施工

生态袋结构施工极为简单便捷，常见的工法有普通堆叠法、加筋堆叠法、防护骨架法等。普通堆叠法适用于坡度较缓、坡高较低的挡土结构以及无水、波浪作用的河道边岸，仅需将各层生袋紧贴坡面错位码放即可。对于回填型的、墙面坡度较大的、坡面较高的河道边岸，可以采用加筋堆叠法；在填土区或者被支挡区域设置拉筋，增加生态袋面层与被支挡结构的整体性，减小不均匀沉降。防护骨架法用于墙体较大、坡度较陡、墙面承受较大流水侵蚀或者波浪压力的河道边岸，用刚性防护骨架承受绝大部分坡面内外受到的各种力。

8.3.2.1 普通堆叠法施工

施工时，首先按照设计坐标放线，地形复杂的区域宜多设置控制点。将装好填料的生态袋码放在垫层之上，创建底层，必须保证生态袋与垫层完整接触。根据工程实际埋深为 1/20~1/8 墙高。根据工程实际，选用合适尺寸的生态袋，在铺设时，注意把袋子的缝线结合一侧向内摆放。从前面到后面拉平袋子，使得生态袋一个接一个排列。底部层单元安置好后，压实生态袋及其后面和前面的回填以防止移动。如有可能，在开始上叠层前，安装好整个底部层的长度。

第一层生态袋放实并保证外观平顺后，第二层袋体错位码放在第一层袋体上。若生态袋结构中设计有联结扣，将联结扣设置在有效接触面内（长度为 L_0），将生态袋联结扣水平放置两个袋子之间在靠近袋子边缘的地方，以便每一个生态袋结构扣跨度两个袋子，如图 8.1 所示。摇晃生态袋上叠加层以便每个联结扣可以穿透生态袋的中部。通过在生态袋上行走或压实来达到互锁性，最好应对生态袋表面进行大小为四层生态袋重力的压力进行压实，以确保联结扣和生态袋之间的良好的接触。来自上面层的重量将驱使标准扣进生态袋，在生态袋之间形成一个强有力的连接。控制好各层的立面倾角，顺次码上各层生态袋，并必须检查各层生态袋纵向平直度和平面水平度；固定好顶层的生态袋。

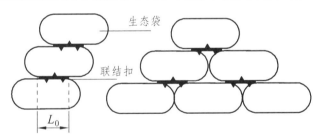

图 8.1 生态袋结构中联结扣布置示意图

每层生态袋码放完毕后，对于回填型的生态袋结构，应夯实填土区内回填土。建议采用细粒含量低于 50% 的无机质土（砾土或砂土），细粒含量高于 50% 的低塑性细粒土（即塑性指数小于 20），也可用做回填土。在地下水位以下，应选择水稳定性较好的透水性材料填筑；填料不应对生态袋材料造成机械的、化学的、生物的损害。

填土必须分层碾压，填土的松铺厚度宜为 20~30 cm；压实含水率在最优含水率±2% 范围内。填料每层摊铺后应及时碾压，如在雨季施工，应做好排水和遮盖，防止填料摊铺后由于不及时碾压而改变填料的含水量；每天施工结束时，最后一遍碾压应形成背向生态袋墙面的坡度，使填土区雨水能及时排走。卸料机具和摊铺机械与生态袋面层距离不应低于 1.5 m，已防止施工机械撞动了堆叠好的生态袋层。距生态袋面层 1.5 m 以外机械摊铺时，应设明显标志；在生态袋墙面 1.5 m 范围内，只能用手工轻型机械碾压，至少碾压 3 遍，并达到工程要求的压实度。图 8.2 是普通堆叠法施工中的生态袋结构。在结构的顶部，把生态袋长边垂直墙沿放置，以提供一个可靠的顶部。用土把结构顶部完全覆盖；根据工程实际，可选择不同厚度的条石或者混凝土块作为生态袋结构的压顶。

图 8.2　普通堆叠法施工中的生态袋结构

8.3.2.2　加筋堆叠法

多数的工程在回填土区均设置有土工格栅，主要目的是改善回填土性质，增加生态袋面层与回填土区之间的整体性。加筋堆叠法面层的施工和普通堆叠法类似，但涉及回填土区填料的选择和土工格栅的施工。填料要求和普通堆叠法类似，还不能对土工格栅造成机械的、化学的、生物的损害。

用生态袋结构面层上留出的锁定装置固定好土工格栅。通常是采用标准联结扣，标准联结扣不仅能增加生态袋结构面层的整体性，还能将回填土中的土工格栅固定在生态袋结构的面层上，将整个加筋结构形成一个有机的整体。土工格栅在生态袋结构中的设置如图 8.3 所示。为把土工格栅连接进标准联结扣，简单地把加筋土工格栅套在钩上，然后把它拉紧。一旦加筋土工格栅被安装固定，按水平放置要求的长度铺平，通过从回填区的背部到回填区的前部放置回填，回填的重量将帮助保持加筋土工格栅的笔直和稳平。

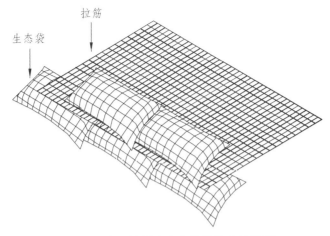

图 8.3 土工格栅在生态袋结构中的设置

当生态袋按要求码放好后，进行墙后填土施工，当填土压实后的高度达到安装土工格栅标高时，开始安装土工格栅。土工格栅的施工，对于整个结构的变形与稳定极为关键。生态袋结构设计受拉方向为垂直挡土墙墙面的方向，该方向只能由连续的一片拉筋组成，不容许对土工格栅进行搭接。在平行生态袋墙面的方向，加筋材料可以对接形成填土区，100%由加筋材料覆盖。在加筋铺设时应拉平绷紧，尽可能使拉筋面平行于水平面。为了提高工程质量，可以将拉筋绷紧并用锚杆固定在下层碾压土上，及时在拉筋上覆盖至少 15 cm 的回填土。

拉筋在填土区要实现 100%的全覆盖，对于墙面为弧形的生态袋结构，土工格栅铺设在同一层中，不可避免会产生搭接现象，这样会影响生态袋结构的工程性质。对于内弧生态袋结构，如图 8.4 所示。在设计标高处放置拉接网片后，

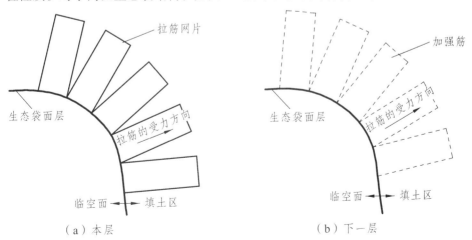

（a）本层　　　　　　　　　　　（b）下一层

图 8.4 内弧形墙面的土工格栅铺设方法

在下一层生态袋上摆放拉接网片，覆盖上原有拉接网片处的空缺；在前一层拉接网片未加土覆盖前做好下一层补拉筋网片的位置。内弧形墙面加筋网片的设置也采用类似的方法。如实在不能避免土工格栅的搭接，一定要在底层格栅上铺设一定厚度的填土后才能铺设上搭接部分格栅；上层格栅可以与水平面有个小角度的夹角。

摆放好拉接网片后，采用倒退法在墙后放置回填土，每层填土厚度15~20 cm，压实度不低于 95%。碾压机械行驶方向应与格栅受力方向垂直，不应在未覆盖填料的筋带上行驶或停车，避免造成拉接网片的损坏或失效（如起皱、移动、刺破等）。在加筋回填土压实过程中，第一遍速度宜慢，以免拥土将筋带推起；第二遍以后速度可以稍快，直到达到密实有关要求。

8.3.2.3 防护骨架法

防护骨架用于墙面承受较大流水侵蚀或者波浪压力的河道边岸。这类边岸用刚性防护骨架（如图 6.13 所示）稳定边坡，并在骨架框格内填充生态袋。在框架梁浇注过程中预埋生态袋固定挂钩；对于已经施工完毕的框格梁结构，可在框格梁固定位置安装螺栓，作为生态袋的固定挂钩。生态袋主要用于水土保持和生态修复。生态袋规格根据工程实际情况预制，每个袋体均用连接带和相邻的生态袋进行连接，使整个坡面形成一个整体，加上袋体的自重，可有效抵御水流对坡面的冲刷，防护框格内的生态长袋如图 8.5 所示。

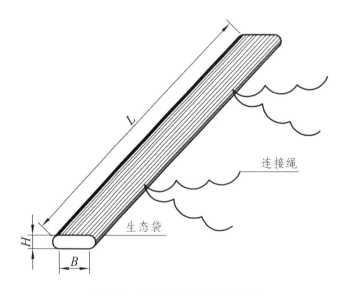

图 8.5 防护骨架中的生态长袋

8.3.3　排水设施的施工

生态袋挡土结构应设置排水设施，以排干墙后填料中的水分，防止墙后集水，避免生态袋结构面层承受额外的静水压力，避免降低填料与拉筋之间的摩擦阻力等。生态袋结构的排水设施应与墙体结构同步施工，同时完成。

当填料采用细粒土有地表水渗入时，宜在面层后设置 30~50 cm 的排水层，以加强填土区排水，减少墙背的水压力，应将墙后填土与排水层用土工布分隔开来。渗流排水管的安装应能够保证加筋土层的水能及时自流到挡土墙区域以外，排水管的出口应与墙外集水井连接或与墙后不影响墙体稳定的集水口连接。排水管可用弹簧软管或塑料波纹管。建议用土工布将排水管包上，以起到滤土作用。排水管的安放应能使其先靠重力将水排出墙外。生态袋墙面后的主排水管的直径不应小于 75 mm。次要排水管的坡度最小应达到 2%，保证其中的水能及时流向主排水管。

8.4　生态袋结构绿化施工

生态袋结构所创造的面层生长环境较好（可达到 30~40 cm 厚的土层），通过调配植生袋内的基质，能同时解决保水、保肥、保风蚀的问题；能够发挥生物岛效应。草本植物、小型灌木，甚至一些小乔木都可以非常良好地生长，能够形成茂盛的植被效果。近年被广泛应用于各种恶劣情况下的边坡防护施工以及其他一些防护和生态修复领域。生态袋结构施工完成后，应尽快对生态袋表面进行绿化种植，使植物尽快覆盖在生态袋表体，减少因为紫外线照射、风吹、雨水侵蚀等而影响生态袋的工程强度和寿命。当绿化施工受限，生态袋暴露时间大于 3 个月时，使用覆盖物对生态袋表面进行临时覆盖。

8.4.1　喷　播

喷播是将各类种子和植物生长所需的各种营养肥、纤维物、粉质物、粒状物均匀混合，通过大功率喷射机械喷洒在生态袋的表面，形成一种均匀的毯状物。喷射物要均匀，形成均匀的毯装物；要根据不同的坡度放入适量的黏合剂，以便有更好的黏着力且有利于植物生长。

当喷播完成后要采取必要的措施防止草种移位和脱落，并使植被种子尽快萌发。喷播适用于大面积的绿化作业，施工迅速快捷，植被种子选择广，适应旱地等各种环境要求，成本相对较低，是草本植物最常用的播种方式，适合各种坡比，不适宜水位变动部位和暴雨天气。

8.4.2 插 播

苗木种子可在生态袋固定好之后塞进生态袋内客土之中；对照苗木带的土球大小，用刀把生态袋切割一"丁"字小口，同时揭开被切的袋片；用花铲将被切位置土壤取出至适合所带土球大小，被取土壤堆置于切口旁边；把苗木放到土穴中，然后用花铲将土壤回填到土穴缝边，然后埋土踏实。塞入生态袋内的幼苗，其在客土中的深度以 2~3 cm 为宜。

8.4.3 内黏播

与喷播相比，内黏播可避免雨水和浇灌用水对草种的冲刷以及鸟类的觅食造成种子损失；同时喷播由于草的主根系不能完全扎入袋体内不能保证绿化效果，采用内黏播生态袋可保证草种的出草率及出草的均匀性，减少种子的使用量，降低绿化成本，成活率高，出草速度快，绿化效果好；而且植物的根系发达，能有效吸收土壤中的营养，可长期保持绿化效果。

如果是无纺布夹层，其内部镶嵌的草种应选用禾本科草种，不宜使用豆科草种，因为豆科种子难以穿透无纺布夹层；如果是纤维棉夹层，其内部镶嵌的草种可选用禾本科和豆科草种，但不宜使用豆科灌木，因为豆科灌木发芽时叶片比较大，不易穿透纤维棉。

8.5 本章结论

（1）准确地确定生态袋结构墙体的平、立面位置以满足施工的要求，使整个建筑场地可以展现在结构设计图上面，一般不要破坏掉其他基石的原材料。把挖掘的材料放在一个方便的地方，这些材料可用于填充生态袋。

（2）基底无须是平面，只要有一个大体基底平面。对于直接与生态袋接触部分，需要其具有较高承载力和较小变形，以保证护坡结构的稳定和外观平顺。生态袋后填土中有土工格栅范围的地基，一般仅需要在地基土含水率不高于最优含水率+4%的条件下碾压到压实度高于 80%即可。码放生态袋之前必须铺设符合当地土质要求的反滤土工布，最好用编织的土工布。

（3）将装好填料的生态袋码放在垫层之上，创建底层，必须保证生态袋与垫层完整接触；第一层生态袋放实并保证外观平顺后，第二层袋体错位码放在第一层袋体上，逐层叠放形成墙面。若生态袋结构中设计有联结扣，将生态袋联结扣水平放置于两个袋子之间在靠近袋子边缘的地方，以便每一个生态袋结构扣跨度两个袋子；并确保联结扣和生态袋之间良好的接触。

（4）建议采用细粒含量应低于 50% 的无机质土（砾土或砂土），用作回填土；填土必须分层碾压，填土的松铺厚度宜在 20~30 cm；压实含水率在最优含水率±2% 范围内。在生态袋墙面 1.5 m 范围内，只能用手工轻型机械碾压；距生态袋面层 1.5 m 以外机械碾压时，碾压机械行驶方向应与格栅受力方向垂直，不应在未覆盖填料的筋带上行驶或停车。至少碾压 3 遍，第一遍速度宜慢，以免拥土将筋带推起；第二遍以后速度可以稍快，直到达到密实有关要求。

（5）生态袋结构设计受拉方向为垂直挡土墙墙面的方向，该方向只能由连续的一片拉筋组成，不容许对土工格栅进行搭接。在平行生态袋墙面的方向，加筋材料可以对接形成填土区，100% 由加筋材料覆盖。在加筋铺设时应拉平绷紧，尽可能使拉筋面平行于水平面。

（6）渗流排水管的安装应能够保证加筋土层的水及时自流到挡土墙区域以外，排水管的出口应与墙外集水井连接或与墙后不影响墙体稳定的集水口连接。排水管可用弹簧软管或塑料波纹管。主排水管的直径不应小于 75 mm。次要排水管的坡度最小应达到 2%，保证其中的水能及时流向主排水管。

（7）采用内黏播生态袋可保证草种的出草率及出草的均匀性，减少种子的使用量，降低绿化成本，成活率高，出草速度快，绿化效果好。如果是无纺布夹层，其内部镶嵌的草种应选用禾本科草种，不宜使用豆科草种，因为豆科种子难以穿透无纺布夹层；如果是纤维棉夹层，其内部镶嵌的草种可选用禾本科和豆科草种，但不宜使用豆科灌木，因为豆科灌木发芽时叶片比较大，不易穿透纤维棉。

9 生态袋护坡结构在三峡库区的设计与施工

　　三峡库区地形地貌与岸坡地质结构复杂，雨量丰沛且暴雨集中，历来是地质灾害多发地区。库区蓄水后，沿岸地区自然条件发生了显著变化，由于水位的升高造成库岸侵蚀基准面和地下水面的抬高，并引起水文动态变化，使消落带遭受强烈改造。三峡水库水位从 1 月开始下降，6~9 月汛期水位将下降到 145 m，此后水位逐渐上升，11~12 月保持在 175 m。人为地使水位在一年内产生 30 m 的变化，在库岸高程 145~175 m 之间水位涨落就形成了出露与淹没季节性交替的消落带，三峡库区消落带水位周期变化情况如图 9.1 所示。消落带本来是松散的堆积土或者碎石岸坡，之后将变为水动力作用库岸带，动力作用的改变有可能导致该岸坡段若干地质灾害的发生。地质灾害会给库区人民的生产、生活带来不良影响。根据 2007 年 3 月胡锦涛总书记为重庆作出的"314"总体部署，以及 2013 年 3 月，习近平总书记发表的有关中国梦重要讲话的重要精神，重庆市委市政府出台五大功能区战略定位，三峡库区重庆段大部分位于渝东北生态涵养发展区。

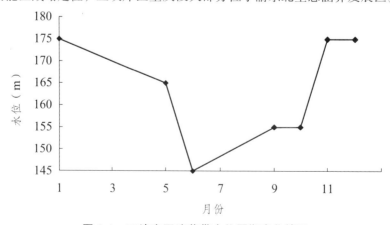

图 9.1　三峡库区消落带水位周期变化情况

9.1 生态袋结构在三峡库岸使用的可能性分析

9.1.1 三峡库岸面临库岸侵蚀和植被缺失两个难题

在水库的上游段，尤其是比较狭窄河谷的水库中，水流仍具有一定的流速，改造岸坡的地表水作用可能仍以流水作用为主；水库的下游段，尤其在水面比较开阔的水库中，波浪则可能成为地表水改造消落带的主要营力，库岸在波浪作用下将具有与海湖边岸类似的演变规律。水库回水后库水位附近库岸坡往往是比较陡的，将遭受波浪冲蚀作用的改造。三峡库岸消落带第四纪松散堆积土，其结构疏松、力学强度低，极易被江水及地表径流带走，使植被缺乏稳定的涵养土层，是三峡库区消落带第四纪松散堆积区植被缺失的主要原因。对于由抗冲刷能力较弱的松散堆积土石构成的坡岸，在一个不太长的时期里会有明显的后退，它可能直接威胁岸边建筑物的安全。长江边岸侵蚀如图 9.2 所示。

图 9.2　三峡库区边岸侵蚀

蓄水前，江边消落带由于基质和具有裸露时间，提供了植物生长的可能，甚至可以组成植物群落，主要包括一些种群数量较大的一年生植物、根系发达的草本植物、多丛生或匍匐根状茎植物，以及一定比例的藤状植物或藤状灌木。鉴于水库蓄水后消落带坡地出现强烈侵蚀，大部分坡地土壤将被侵蚀殆尽，基岩裸露不可避免；在水流侵蚀比较严重、缺乏基土的区段，利用植被保护这部分消落带土壤的良好愿望不切实际。

9.1.2　生态袋结构在三峡库岸使用的可行性

水流所搬运土粒的直径与流速的二次方成正比。根据三峡库区工程水文条件，选择适当规格的生态袋，若在生态袋中装入密实的第四纪堆积土，袋与袋之间通过连接装置组成一个牢固的护坡系统，可阻止土颗粒被搬走，使植被拥有稳定的涵养土层。根据三峡水库水位消涨规律，每年 3~10 月为消落期，这段时间刚好是植被的生长期，若有了稳定的涵养土层，消落带植被恢复便有了可能。事实上，在三峡库区边岸土壤涵养比较好的区域，水位消落 1~2 周以后，边坡的植被就可以逐渐恢复生长；经过一个月以后植被生长状态良好，形成了以狗牙根为主的群落。图 9.3 为 2012 年 6 月中旬拍摄的三峡库区大周段的植被生长情况。

（a）　　　　　　　　　　　（b）

图 9.3　三峡库区大周段边岸（6 月）

将库岸带有植被根系的土壤直接装填入生态袋中，不需要其他的绿化措施，2~3 周植被就可以从生态袋中长出；如果将种子粘在生态袋的夹层中，植被生长状况更为良好。图 9.4 为在生态袋夹层内混合高羊茅、早熟禾、狗牙根、黑麦草等草种生长状况。因此采用生态袋护岸技术，将库岸第四纪松散堆积土压实后作为填料填充在生态袋内，建立生态袋护岸结构，可望从根本上解决三峡库区库岸侵蚀和植被缺失两大难题。

图 9.4 库岸植被在生态袋内生长情况

9.2 消落带生态袋护岸技术的设计

三峡水库属于峡谷型水库，库区风是形成波浪最主要、最直接的因素。近30年，通常年最大风速为 10~20 m/s，最大达到 22 m/s；吹程与库面宽度、库岸曲直程度、方向有关，一般为库面宽度的 1~3 倍；库区蓄水后，水位普遍升高 50~100 m。根据实地调研，消落带坡度在 5°~30°之间。船行波对库岸有一定破坏作用，但与风成浪相比，船行波波高较小，且由于期间不连续性，对库岸的侵蚀作用远小于风成浪，通常情况下，在设计时可不予考虑。

将风速为 18 m/s、吹程 6 km、水域的平均水深 60 m、坡度 30°等数据代入公式（6.55）至式（6.59），可得到长江干流的波长为 18.8 m，平均周期为 3.47 s，平均浪高为 0.61 m。取生态袋结构的稳定系数 K_D 等于 13，生态袋结构稳定阈值等于 6，分别代入公式（6.49）至式（6.54），得到生态袋结构单个袋体不低于 91.3 kg，有效厚度不少于 43 cm。

由于是边坡形的生态袋结构，坡度较小，基本上不用考虑生态袋结构的抗倾覆稳定性。初设采用的生态袋外观为厚度 1 m，顺水流方向长度为 α m，高度为 β m，填充后生态袋内填料的容重为 20 kN/m³。考虑流速在 1 m/s 左右，不考虑生态袋的变形，采用式（6.12）、式（6.13）验证生态袋护岸结构的抗滑稳定性。通过计算生态袋结构的有效厚度不低于 0.73 m，单个袋体质量不低于 78 kg。综合考虑，设置生态袋的有效厚度为 0.80 m，顺水流方向的长度为 0.5 m，生态袋厚度为 0.16 m，单个生态袋质量大于 120 kg。

生态袋结构设计断面示意图如图 9.5 所示。设计过程中生态袋结构应根据实际边岸波浪参数条件确定，也可以采用第 6 章阐述的单个袋体重度更大的生态长袋。

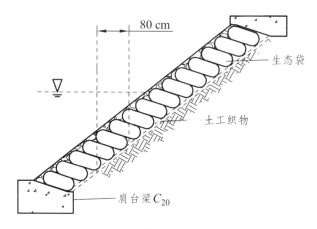

图 9.5　三峡库岸消落带生态袋护岸结构示意图

9.3　消落带生态袋护岸结构的施工

9.3.1　准备场地

生态袋面层施工之前，土基表面必须压实整平。从技术上或美观上讲，严格整平都是非常重要的。若场地土质较差，不好压实或整平，则可用一层碎石垫层。整平好的表面上不能走人或仪器，否则会影响其平整度。

9.3.2　铺设土工布

生态袋面层施工之前必须铺设符合当地土质要求的反滤土工布，最好用编织的土工布。由于生态袋面层具有较大的渗透性，在三峡库区消落带施工时，可以不用碎石过滤层。刚性混凝土框格内避免发生两张土工布的搭接，土工布四边都要伸至刚性梁下至少 30 cm。

9.3.3　现浇刚性混凝土梁

在现场现浇混凝土肩台梁和横梁，强度不低于 C_{18}。根据受力情况和设计断

面的实际尺寸，梁内采用通长配筋，主筋采用 4~9 根 ϕ10，箍紧一般采用 ϕ6@
200，如图 9.5 所示。在梁内预埋 ϕ12 以上钢筋挂钩，用于固定生态袋。

9.3.4 生态袋面层的施工

生态袋材料至少由双层材料组成，外层采用大密度粗糙的加强筋纤维层，主要是防冲耐磨，不易被意外损坏；内层采用高分子防冲层，也具有一定的强度和防冲能力。三峡库区边岸坡度一般较小，所以互链高度较小，在三峡水库水位消落到生态袋所在层面以下时，承受上部生态袋面层传递的压力较小；但当三峡水库水位涨到 175 m 时，底部生态袋面层将承受较大的静水压力。这种工况在其他的生态袋护岸结构中几乎没有发生过。所以生态袋袋体在填充后，在堆叠上层生态袋之前必须进行 2~3 次预压，压力不小于其将受到的水荷载。由于生态袋结构是一个永久性结构，为了减少袋内填充物的运动和流失，在施工时，可以将生态袋主平面与水平面之间留 8°~18° 的倾角，这样的构造还能够增加生态袋之间的有效接触面。

9.3.5 填　缝

经受波浪冲击的边坡上堆叠生态袋以后，有条件的地方，可以在生态袋面层的孔隙间填上碎石，在生态袋面层上面嵌上一层 3~5 cm 的片石，这样可以提高生态袋面层的稳定性。

9.3.6 生态袋结构面层的绿化

库岸消落带植被的覆盖情况，关系到库区演化方向。在 173 m 水位以上的库岸区域，全年水淹时间仅为 2~3 个月，该区域水压很小，光较强，溶氧量较高，营养丰富，成陆时间长，群种的构建较为自由，宜采用中华蚊母树、铁仔、黄杨、羊蹄甲、刺果茶实、马桑、牧荆、小果蔷薇、鹊梅藤、斑芽、芦苇等乡土物种。水位在 155~173 m 的区域，出水生长时间最短仅 5 个月，水淹时间可能长达 6 个多月，宜选择多种根系发达、生长较快的草本植物，宜选择石菖蒲、青蒿、香附子、牛鞭草、白茅、甜根草、空心莲子草、够芽根、水蓼、过江草等植被。155 m 以下区域不建议使用生态袋结构，因为将来随着科技的进步，三峡库区的最低水位将从目前的 145 m 调高到 155 m 左右，这个高层的范围将长期淹没于水下。在绿化时，为了提高施工效益，最好采用生态袋内黏播的方式进行。

9.4 生态袋结构试验段施工实例

生态袋目前已经在长江上游多个城市防洪大堤中成功应用。为了研究生态袋结构受力稳定性和植被生长情况，在山区河道的一侧砌筑了一段长 9 m、高 2.2 m 的生态袋结构试验段。现场土质为粉质黏土夹碎石，通过室内实验，测得其重度为 20 kN/m³，天然含水量为 0.2，内摩擦角 34.2°，土体渗透系数在 10^{-3}~10^{-6} cm/s。采用公式（6.7）、式（6.9）确定单个生态袋的厚度和重量。所选用生态袋材料为涤纶纺黏针刺土工布，规格为 40 cm×80 cm；材料的垂直渗透系数为 10^{-3}~0.99 cm/s，老化后强度保持率大于 88%。塑料联结扣长 30 cm，最大处宽 10 cm，上下各有 8 个尖头，尖头上有倒刺，可刺入与其接触的生态袋中。

施工时采用加筋堆叠法。由于地基土质良好，仅对地基进行了简单的压实和局部就地取少量卵砾石找平，在上面码放生态袋。就地取土装入生态袋中，填充上粉质黏土后生态袋 52~54 kg。通过该河道最大水流速度通常小于 1 m/s；所以在结构设计时没有设置 30~50 cm 的透水层，仅设计有反滤土工布。

生态袋内夹层中种子为高羊茅、早熟禾、狗牙根、黑麦草等混合草种；袋内除了密实的填土外没有添加任何营养成分。生态袋结构于 2011 年 3 月底施工完成。由于结构在 4~5 月份长期蓄水深 1.1 m，5 月底通过排水孔将水排出，仅剩 30~40cm 水深。6 月中旬生态袋结构如图 9.6 所示，可见被水淹没部分混播植被几乎没有生长，只有少量乡土植被生长发育。6~9 月份为三峡库区雨季，没有长期蓄水；9 月份，生态袋结构如图 9.7 所示，已经几乎看不到生态袋的痕迹；植被恢复和结构安全性良好。

图 9.6　工后 3 个月的生态袋结构

图 9.7　工后 6 个月的生态袋结构

　　为了分析被联结扣刺破后，生态袋袋体的性状，以及对生态袋结构安全性的影响，将装满填料的生态袋用小刀割开一条小裂缝，并将该生态袋放入结构中。该结构建于 2011 年 3 月，受到流速超过 1 m/s 的山洪多次冲刷；一直对该结构的受力和变形情况进行监测，该结构安然无恙。到 2012 年 11 月，从结构中取出该生态袋，如图 9.8 所示。该生态袋界面已经有部分植被根系生长。所以生态袋结构在受到波浪作用力时，生态袋之间的有效接触面长度会减少；但只要将联结扣布置在有效接触区域内，安全性是有保障的。

图 9.8　被小刀割开的生态袋界面

9.5　本章结论

（1）三峡库岸消落带第四纪松散堆积土，其结构疏松，力学强度低，极易被江水及地表径流带走。随着三峡库区水位周期性的涨落，三峡水库边岸存在严重的库岸侵蚀和植被缺失两个问题。在侵蚀严重的区域采用生态袋护岸，采用合适的设计和施工方法，可以防止库岸侵蚀，并逐渐完成植被修复。

（2）三峡水库属于峡谷型水库，库区风是形成波浪最主要、最直接的因素。风速、吹程、水域的平均水深、坡度等因素是设计时考虑的关键因素，一定要结合边岸工程水文条件实际，确定合适的生态袋。通常建议单个生态袋质量不低于 100 kg，有效厚度不低于 45 cm。

（3）生态袋护岸结构在三峡水库边岸施工时，一定要采用现浇混凝土骨架，其作用主要是承受水流波浪作用力，固定生态袋袋体，生态袋结构局部损坏时便于修复。个建议在 145~155 m 高程使用生态袋护坡结构；在 155~173 m 水位的区域，宜选择石菖蒲、青蒿、香附子、牛鞭草、白茅、甜根草、空心莲子草、够芽根、水蓼、过江草等植被；在 173 m 水位以上的库岸区域，宜采用中华蚊母树、铁仔、黄杨、羊蹄甲、刺果茶实、马桑、牧荆、小果蔷薇、鹊梅藤、斑茅、芦苇等乡土物种。最好采用生态袋内黏播的方式进行绿化。

参考文献

[1] LEI XZ, CAO SY, JIANG XH. Impacts of soil water conservation in Jialing River on sedimentation of the Three Gorges Reservoir[J]. Wuhan University Journal of Natural Sciences, 2006, 11(4): 922-928.

[2] CHENG LF. Application research of green maintenance of revetment system in the Three Gorges Reservoir shore[C]. 11th Annual Meeting of China Association for Science and Technology, Chongqing, China, 2009(9): 91-94.

[3] YU F, WANG YH. Application of vegetation geosynthetic technique to slope stability in the Three Gorges Reservoir[J]. Journal of China University of Geosciences, 2005, 16(1): 51-57.

[4] 程龙飞, 李林燕. 坡面水土保持生态建设模式[J]. 水土保持研究, 2010(5): 112-114.

[5] 刘斯宏, 王柳江, 李卓. 土工袋加固软土地基现场荷载试验的数值模拟[J]. 水利水电科技进展, 2012(2): 78-82.

[6] XU YF, HUANG J, DU YJ. Earth reinforcement using soilbags[J]. Geotextiles and Geomembranes, 2008(26): 279-289.

[7] HORNSEY WP, CARLEY JT, COGHLAN IR. Geotextile sand container shoreline protection systems: Design and application[J]. Geotextiles and Geomembranes, 2011(29): 425-439.

[8] OBERHAGEMANN K, HOSSAIN M M. Geotextile bag revetments for large rivers in Bangladesh[J]. Geotextiles and Geomembranes, 2011(29): 402-414.

[9] KARUNARATNEA, DELMAS. Large-scale drainage behaviour of composite geotextile and geogrid in residual soil[J]. Geotextiles and Geomembranes, 2001(16): 163-176.

[10] FAURE, FARKOUH, DELMAS. Analysis of geotextile filter behaviour after 21 years in Valcros dam[J]. Geotextiles and Geomembranes, 1999(17): 353-370.

[11] TOMITA, TAJIMA. Experimental study on functions of sandfilled-geotextile bags as soft shore protection works[C]. 土木学会论文集 B2, 2010, 66（1）: 661-665.

[12] ZHENG D, ZHOU JY, YANG JL . Applied research on the eco-bags structure for the riverside collapse slope in seasonal frozen soil zone[J]. Procedia Engineering, 2012(28): 855-859.

[13] RECIO J, OUMERACI H. Effect of deformations on the hydraulic stability of coastal structures made of geotextile sand containers[J]. Geotextiles and Geomembranes, 2007 (25): 278-292.

[14] RECIO J, OUMERACI H. Hydraulic permeability of structures made of geotextile sand containers: Laboratory tests and conceptual model[J]. Geotextiles and Geomembranes, 2008 (26): 473-487.

[15] RECIO J, OUMERACI H. Processes affecting the hydraulic stability of coastal revetments made of geotextile sand containers[J]. Coastal Engineering, 2009 (56): 260-284.

[16] RECIO J, OUMERACI H. Process based stability formulae for coastal structures made of geotextile sand containers[J]. Coastal Engineering, 2009 (56): 632-658.

[17] DARSHANA, DASSANAYAKE, OUMERACI. Engineering properties of geotextile sand containers and their effect on hydraulic stability and damage development of low-crested /submerged structures[J] . International Journal of Ocean and Climate Systems, 2012, 3 (3): 135-150.

[18] ZHOU JY, YANG JL, ZHENG D. Simple tests for the design parameters and sinkage algorithm for eco-bags slope[J]. procedia Engineering, 2012 (28): 844-849.

[19] 应强, 张幸农, 李伟. 沙袋在水流中的沉速、落距[J]. 泥沙研究, 2009, 2(1): 15-19.

[20] ANSARIA Y, MERIFIELD R, YAMAMOTO H. Numerical analysis of soilbags under compression and cyclic shear[J]. Computers and Geotechnics, 2011(38): 659-668.

[21] 钦志强, 祝卓, 胡献明. 柔性生态袋在河道生态建设中的应用[J]. 浙江水利科技, 2010, 7（4）: 111-114.

[22] 程龙飞, 何运祥. 生态袋护岸结构施工技术[J]. 施工技术, 2012, 41（8）: 103-105.

[23] CHENG L F, YI Z J. Application research of green maintenance of revetment system in the Three Gorges Reservoir shore[C]. Chinese Association of Science and Technology Annual Conference Symposium—The 7th sub-forum, Chongqing, 2009, 9.

[24] 刘志伟. 波浪作用下库岸泥沙启动机理与岸坡防护研究[D]. 重庆：重庆交通大学，2006: 13-23.

[25] JTJ 300—2000　港口及航道护岸工程设计与施工规范[S].

[26] JTS 145—2—2013 海港水文规范[S].

[27] 顾卫，江源，余海龙，等. 人工坡面植被恢复设计与技术[M]. 北京：环境科学出版社，2009.

[28] 赵方莹，赵廷宁，等. 边坡绿化与生态防护技术[M]. 北京：中国林业出版社，2009.

[29] 陈伟烈，江明喜，赵常明，等. 三峡库区谷地的植物与植被[M]. 北京：中国水利水电出版社，2008.

[30] 李月臣，刘春霞. 三峡库区水土流失问题研究——格局、过程、机制与防治[M]. 北京：中国林业出版社，2011.

[31] 王文杰，王桥. 三峡库区生态系统胁迫特征与生态恢复研究——以重庆开县为例[M]. 北京：中国环境科学出版社，2007.

[32] 乔建平. 长江三峡库区重点滑坡段危险性评价及预测预报研究[M]. 成都：四川大学出版社，2007.

[33] 程龙飞，何运祥. 生态袋在河道护坡中的设计方法[J]. 施工技术，2013，42（13）：68-70.

[34] CHENG L F. The experiment and study of the tensile resistance of the soil-bag structure[J]. Advances in information Sciences and Service Sciences, 2013, 5(3)：323-330.

[35] 章华，吴雪萍. 土工编织袋单轴压缩试验研究[J]. 公路工程，2009, 34（1）：17-22.

[36] 闫玥，闫澍旺，邱长林，等. 土工织物充灌袋的设计计算方法研究[J]. 岩土力学，2010，31（1）：327-330.